U0815067

现场管理5项任务

（餐饮服务营运管理模式）

夏连悦　著

企业管理出版社

图书在版编目（CIP）数据

现场管理5项任务——餐饮服务营运管理模式 / 夏连悦著. ——北京：企业管理出版社，2011.8

ISBN 978-7-80255-859-5

Ⅰ. ①现… Ⅱ. ①夏… Ⅲ. ①饮食业—商业服务 Ⅳ. ①F719.3

中国版本图书馆CIP数据核字（2011）第158964号

书　　名：现场管理5项任务——餐饮服务营运管理模式
作　　者：夏连悦
责任编辑：丁　锋
书　　号：ISBN 978-7-80255-859-5
出版发行：企业管理出版社
地　　址：北京市海淀区紫竹院南路17号　　邮编：100048
网　　址：http://www.emph.cn
电　　话：总编室（010）68420309　　发行部（010）68701638
编辑部（010）68701074
电子信箱：emph003@sina.cn
印　　刷：三河市南阳印刷有限公司
经　　销：新华书店
规　　格：170毫米 ×240毫米　16开本　14.75印张　208千字
版　　次：2011年8月第1版　2011年8月第1次印刷
定　　价：36.00元

版权所有　翻印必究 · 印装有误　负责调换

前　言

《现场管理5项任务》是一部理性阐述营运现场管理模式的专著；是第一次将工业企业现场管理体系导入服务企业现场管理的专著；是第一次论述服务业现场管理5项任务的专著；是指导服务经理人实施服务营运现场管理的工作指南，为服务经理人实施服务营运现场管理提供了管理方法与管理工具。

本书定位设计：笔者根据从事星级酒店、餐饮企业、中式火锅、现代简餐、快餐企业执掌经历，在对现场管理深度实务进行持续追踪探索的基础上，总结并提出了服务现场管理5项任务模式，既能作为5种业态服务管理团队理解现场管理的工作指南，又能作为服务管理团队实施现场管理实战读本！中国餐饮企业不缺经营战略、不少经营策略、也有经营计划，但为什么战略实施不利、策略落实走样、计划执行打折？笔者认为：中国餐饮企业最缺的是实施、执行、落实，即把战略、策略、计划转化为具体行为的行动力！而实施、执行、落实都是现场管理内容。通过营运现场管理能使店铺实施战略、执行策略、落实计划。

本书体系设计：本书以餐饮企业服务营运现场管理为主线，论述了现场管理5项任务的内涵！本书第一部分，第一章到第四章，从理论与实践结合层面描述了工业企业现场管理模式内涵，剖析了餐饮业现场管理状况，阐述了服务现场管理界面，描述了现场管理热身须知；本书第二部分，第五章到第十章，作为本专著的核心内容，从管理实务层面描述了现场管理5项任务的内容、架构、方法、工具，以及每项任务之间相互关联与相互支持关系组合；本书第三部分，第十一章，作为独立单元系统介绍了训练价值分享，即服务现场管理训练包括现场意识训练、管理实务训练、有效沟通技巧、现场危机应对等四项内容。

本书辅助工具：为了让读者理解、掌握、运用本专著内容，笔者设计了学习、转化、运用的辅助工具，旨在让读者在学习本专著过程中运用辅助工具提升学习力、转化力、生产力！第一章，运用关键词加导读辅助工具；第二章，导入关键词加图片辅助工具；第三章，采取提示语加图片辅助工具；第四章，切入关键词加图片辅助工具；第五章，分享案例分析辅助工具；第六章，列举读后实践辅助工具；第七章，设计思考复习辅助工具；第八章，提示单元总结辅助工具；第九章与第十章，制作思考动手辅助工具；第十一章，精选案例分析辅助工具。通过设计导读辅助工具，旨在帮助读者理解概念、提示重点、聚焦关键。

本书创作背景：在工业领域，虽然美国、德国、日本三个发达国家的工业现场管理备受世人瞩目，但日本企业现场管理模式因成型、精细、卓越被誉为业界学习典范！工业现场管理诠释工业文明、流水作业、品质控制、生产效率之道、之术、之法！当我们羡慕美国、德国、日本企业现场管理时千万不要忽略这些国际公司经典案例与管理模式背后都有成型、完善、理性的生产体系、管理体系、营运体系。没有体系支持的现场管理会苍白无力，这是中国企业导入现场管理不能忽略的内涵。为此餐饮企业既要设计店铺服务、厨务、行政三大体系，又要完善相配套的管理、作业、训练三大体系，才能够支持现场管理实现。

现场管理借鉴：丰田现场管理包括：精细生产方式、看板管理控制、准时生产机制、现场目视管理、质量体系控制、标准体系执行、杜绝浪费设计、5S管理模式八项内容。日本模式为我们设计服务现场管理5项任务提供了参照，但服务业不是制造业，要根据服务业的特点来设计服务现场管理。

关于5项任务：借鉴日本现场管理模式内涵，根据餐饮业的服务特点，笔者提出了服务现场管理5项任务模式。现场管理5项任务是指导服务经理执掌与管理营运现场管理任务的管理实务。为什么选择5项任务？这需要您对服务营运现场关键任务、关键指标、关键时刻、关键事件有深刻理解！

本书运用步骤：笔者建议您在研读本专著的基础上，运用现场管理5项任务的内容，设计服务经理人与服务管理人的现场管理任务、管理流程、管理要求；设计服务经理人与服务管理人当班时间、工作任务、执掌表格；完成所设定的事前准备现场、事中营运现场、事后收市现场工作流程设计！

本书写作风格：作为一部专著，笔者将它定义为服务经理人与服务管理人的实用工具书。作为实用工具书的写作模式，我们借鉴了管理手册与训练手册的思路与模板。尽管布局略显呆板、文字略显简洁、字数略显整齐，但笔者相信学过、看过、用过手册工具的经理人与管理人都知道手册的份量!

工具书的使用：笔者力图在理性思维指导下展示工具书的结构。作为实用工具书的运用，既不能一次性读完又，不能读后就束之高阁，需要反复阅读、反复研修，不断实践、不断体会，这就是工具书的特点。笔者力图既为您提供分析问题的思路与方法，又为您提供解决问题的手段与工具。

夏连悦

2011年6月

目　录

现场管理之所以被誉为宝典中的宝典，是因为现场是一切经济活动的发生与实现的地方，因而是最现实的管理；现场管理之所以被认为是最佳的管理模式，是因为涉及到理论、方法、工具，因而是最理性的管理！

餐饮企业现场管理在原点呈现不平衡状态，表现在厨务清洁管理已有5常法和6T模式，而服务现场管理仍是空白，为此我们要分析餐饮业二元特点、厨务现场管理现状、服务现场管理现状，在原点把事情做正确。

服务营运现场管理需要定位，即服务营运有几个现场？服务营运现场任务需要定义，即服务营运有几项任务？服务营运现场任务有何内容，即每项任务是什么？任务内容彼此是何关系，即不同任务之间有何关系？

现场管理内容繁多、错综复杂，如何推进现场管理工作？餐饮企业一般是将现场管理推给一线管理人，虽然也设计现场管理内容、流程、要求，但实际效果并不理想。原因是没有专业设计、专业训练、专业评价。

工业企业可以通过预测与计划实现现场生产管理的平衡，但是餐饮企业却很难做到这一点。你看过哪家餐饮企业从开市到收市营运现场有均匀的客流？餐饮业的特点决定了餐饮企业营运必须要面对营业走势问题。

工作设计是工作团队完成工作任务的前提，是基层管理团队督导与实操的基础，是高层经理人控制与评价的准绳。工作设计是服务营运现场管理实施的基础，反之，服务营运现场管理也是工作设计持续改进的管理平台。

何谓品控？作者认为，品质源于顾客需要，从顾客需要角度定义营运现场品质控制才是准确的。营运现场品质控制不但包括服务品质和出品品质等内容，而且包括所传递的经营理念、管理理念、服务理念等内涵。

对餐饮企业来讲，所有服务设计与厨务设计都是在特定环境下实现的，环境清洁与安全既影响服务品质和厨务品质，又影响顾客就餐感受。因而，服务营运现场管理清洁与安全控制是现场管理工作五大任务之一。

应对突发事件不但需要服务营运现场管理人员对突发事件及时处理，而且需要培育营运现场管理人员事前防范意识。只有这样，在遭遇突发事件时营运现场管理人员才能按既定的内容、流程、要求应对突发事件！

重大突发事件不经常发生，一旦发生将给餐饮企业带来严重损失和致命影响。重大突发事件包括：人员受伤、重大事件、食物中毒、火灾发生等。对于重大突发事件，餐饮企业应建立预警机制，并做好防范措施。

第十一章 训练价值分享——服务现场管理训练

服务营运现场管理训练是提升管理团队（服务经理、服务副理、服务领班）现场管理能力的关键。营运现场管理低效、管理错位、管理不专、管理走样……诸多管理问题是可以通过训练得到解决、修正、提升的！

第一章

企业界的圣经
——工业现场管理借鉴

现场管理之所以被誉为宝典中的宝典，是因为现场是一切经济活动的发生与实现的地方，因而是最现实的管理；现场管理之所以被认为是最佳的管理模式，是因为涉及到理论、方法、工具，因而是最理性的管理！

现场管理有传奇，才使福特制享有使工业文明进入批量生产阶段之传奇；现场管理有故事，才有奔驰汽车在品质上是德国品质象征之故事；现场管理有神话，才有丰田的有路必有丰田车行销理念与业绩神话打造。

Ford TOYOTA

■ 工业现场管理概述

工业现场管理之所以能卓尔不群，是因为工业现场管理有理论支持、有方法导入、有工具使用、有管理精要、有成型体系，如果您想在原点理解现场管理，想从深度认识现场管理，让我们先来了解工业现场管理。

1. 福特招牌式流水线

【关键词】福特制、泰勒制、流水线

导读：福特公司对现场管理有杰出贡献，老福特创立的流水线是流水线的鼻祖；福特制创造了工业组织生产形式，使工业文明进入批量生产阶段。福特制为何如此卓越，因为福特制产生有理论基础。泰勒（科学管理原理创始人）对生产管理做了理论上的创建，福特对生产管理做了实践上的行动！

一条流水线创造了史无前例的生产模式，福特制做到了！福特制是由美国汽车大王亨利·福特在 1913 年创立的流水线模式，福特公司的流水线不但被誉为流水线的鼻祖，而且被称为福特制。福特制是典型的大工业生产的组织模式，代表了传统机器大工业生产的最高水平。福特制是通过生产组织形式与生产管理改进，提升了生产效率所取得的制度创新。工业时代的主题是追求更多产量与创造更大市场。对此，泰勒进行了理论创建，福特则采取了实践上的行动。

一种生产模式能使工业文明进入新的阶段——福特制做到了！福特制的产生标志着工业文明从此进入世界范围内的“批量化生产”阶段。1913 年，亨利·福特运用当时企业界推广泰勒制的技术成果，创建了世界上第一条流水生产线。

按照“只需按工序将工具和人排列起来，以便能在尽量短的时间内完成零配件装配”(《福特自传》)的装配线工作原理设计，降低了对人工手工技能操作的依赖，提高了劳动生产效率，实现了批量化生产，规模经济从此诞生了！

一种生产模式能够吸纳并与管理理论相融——福特制做到了！福特制本身包括五项内容：一是产品的标准化，减少产品类型；二是零件的规格化，统一产品规格；三是工厂的专业化，适合批量生产；四是作业的专业化，复杂作业划简；五是工具的专门化，使用专门工具。福特制的理性运行建立在三个原则的基础上：首先，分工设计绝对明确（设计、管理、作业）；其次，导入运用泰勒制度（讲究分工的专业化）；最后，最佳生产模式设计（提高效率，节省成本）。

2. 奔驰模特式排时法

【关键词】德国制造、模特式排时法

导读：奔驰汽车速度、性能、品质几乎成了德国品质的象征；奔驰公司吸纳了行为管理学派的理论精华，创建了模特式排时法生产管理模式；奔驰公司整个生产经营活动完全在计算机系统管理与掌控之下。奔驰公司没有一项工作是无人负责的空白点。这种明确的分工细化是奔驰公司的管理特色。

20 世纪中叶以来，德国制造业出口长期占据世界第一的位置，使德国制造成为世界汽车市场质量和信誉的代名词。在国际竞争中德国企业依靠科技制造、科技含量、生产方式、生产组织，为赢得优势夯实了良好基础。

谈到德国制造不能不谈德国奔驰汽车。奔驰汽车无论是速度，还是性能，或是品质，都是德国品牌象征，是成功人士的孜孜以求，是标志富有、地位、尊严的名车。奔驰汽车品质离不开卓越现场管理，包括：

管理手段先进——奔驰公司实现了！奔驰汽车公司的整个生产运营活动完全在计算机系统的掌控之下。在生产线上同时有几套计算机系统在起管控作用，包括生产线控制系统、装配线控制系统、生产编制系统等。

管理秩序严格——奔驰公司做到了！奔驰公司认为，越级是对正常管理秩序的干扰，不许有越级行为，既包括下对上，又包括上对下。奔驰公司每项工作都有人负责，没有空白，责任明确是奔驰公司的管理特色。

模特式排时法——奔驰公司创造了！奔驰公司吸纳了行为管理学派的理论精华，创建了“模特式排时法”生产管理模式，即把操作中动作因素和时间消耗相互结合，以寻求到最佳工作程序与提高劳动效率的操作方法。

模特式排时法：是把人在生产中的动作加以归纳，以手指动作为基础，每个手指动作定为一个模特，其他动作都定出相应值。奔驰公司正是通过模特式排时法将生产管理成本降到最低，极大地提升了劳动生产率。

3. 丰田精细管理模式

【关键词】精细生产、现场管理模式

导读：丰田公司是汽车领域精细生产的鼻祖，精细生产与精细管理是工业领域被传为神话的最佳生产方式和最佳成本模式。丰田公司现场管理体系是由一个理念、三个工具、四大精要构成的现场管理体系模式。现场管理体系模式是丰田赢得竞争优势的关键，是让丰田公司备受产业界推崇的关键。

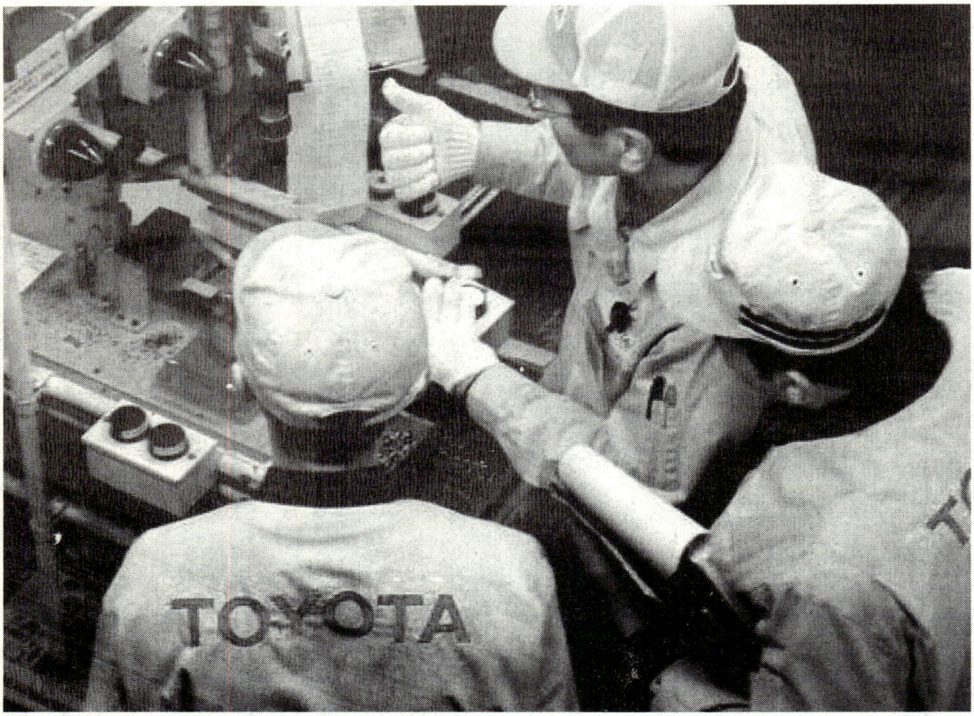

丰田公司是精细生产的鼻祖。1990 年美国麻省理工学院发表了《改变了世界的机器》的著名研究报告，提出以改革企业生产管理为主要特点的“精细生

产”模式。精细生产是对批量生产方式缺点所提出的“精简与消肿”具体对策。精细生产与精细管理是工业领域的最佳生产方式和最佳成本模式。

在制造业，精细管理对提升生产效率的奇效令人吃惊！精细管理可以节省生产场地达 50%，精细管理一次性质量检验合格从 70% 提高到 90% 以上，员工劳动强度在没有明显增加的情况下能提高产量 100%，产品研发推广过程可缩短 50% 的流程！这些令人瞩目的成就，使精细管理成为产业界的楷模。

丰田现场管理认为，精细生产必须强化现场管理。只有即时的、正在进行的现境、现场、现在才是优质产品的诞生地。现场管理是通过连接、联合、调整所有活动使产品按照既定标准、规章、指令顺畅运行，若发生问题即刻解决。丰田现场管理体系让丰田持续赢得优势，并备受产业界的推崇。

丰田现场管理的贡献在于：杜绝生产浪费（注重现场等候时间、瑕疵产品返工控制、缩短必要工作时间防止浪费）、生产成本控制（标准化的作业、生产过程控制、生产不足控制、生产过剩控制降低成本）、库存水平控制（即时性的捕获、看板管理运用、标准作业设计、5S 管理模式等向零库存挑战）。

4. 不断精进现场管理

【关键词】生产方式体系、生产时间缩短、布告栏的运用、精简作业人员

导读：丰田公司令人钦佩的是现场管理在不断完善、与时俱进，当作者手里拿到日本能率协会鼎力推荐的《丰田现场管理方式》一书后，与 1978 年出版的《丰田生产系统》一书作了对比，通过比较作者发现不但剔除了过时内容，而且补充了六项内容。由于篇幅关系，本书只着重介绍其中的四项内容。

丰田模式揭示了成本、数量、品质、人性、手段之间的关系，通过降低成本持续获得收益；减少库存，向零库存挑战；数量管理、品质保证、人性尊重；及时准时生产模式与自动化；精减作业人员，努力整合创意。

丰田模式实现了：不断缩短出品时间以减少额外作业费用，努力缩短等待时间以减少过多滞纳时间，缩短批量生产时间与缩短改变程序时间，流程生产搬

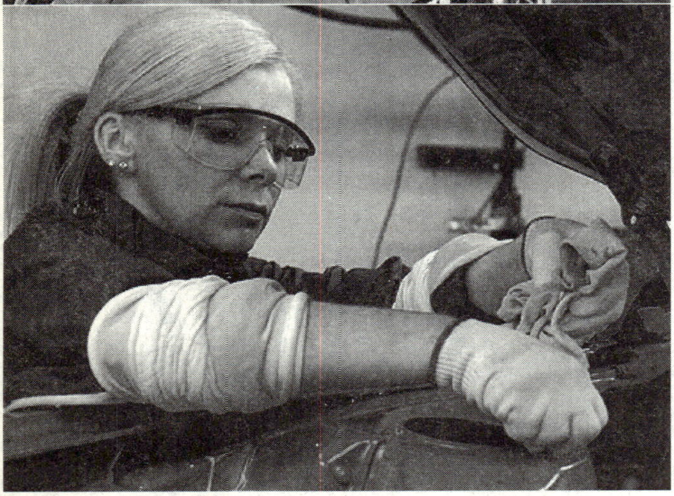

运同步与时刻开始同时结束，流程改造节省时间等项内容。

根据作业精简人员包括：让作业者认识到有空闲时间存在，达到共识后再给作业者增加工作量就不会有异议；减员是从优秀人员减起，让优秀人员轮调从事其他工作，成绩不好的人员会积极努力地配合提升业绩。

布告栏方法的运用是指运用布告栏出示什么时候、用何方法、生产什么、怎样搬运的信息。布告栏的作用改变了在现场什么时间、做什么、做多少，以及工作计划表、生产指示书、交货指示单在作业现场的流动。

丰田生产方式不但有完整的体系，而且是现场管理的魂！要理解与掌握现场管理就要全面掌握生产方式体系，这是学习丰田现场管理应有的认识。丰田公司管理方法诉求着时间控制、成本控制等精细管理法则。

■ 工业现场管理体系（上）

丰田现场管理体系是由一个理念、三个工具、四大精要构成的现场管理体系。运用现场管理不但为丰田公司在汽车业界赢得了优势，而且为企业同仁提供了理性教益。丰田公司现场管理是我们学习的典范。

1. 精细生产诠释高度

【关键词】精细生产、精细管理

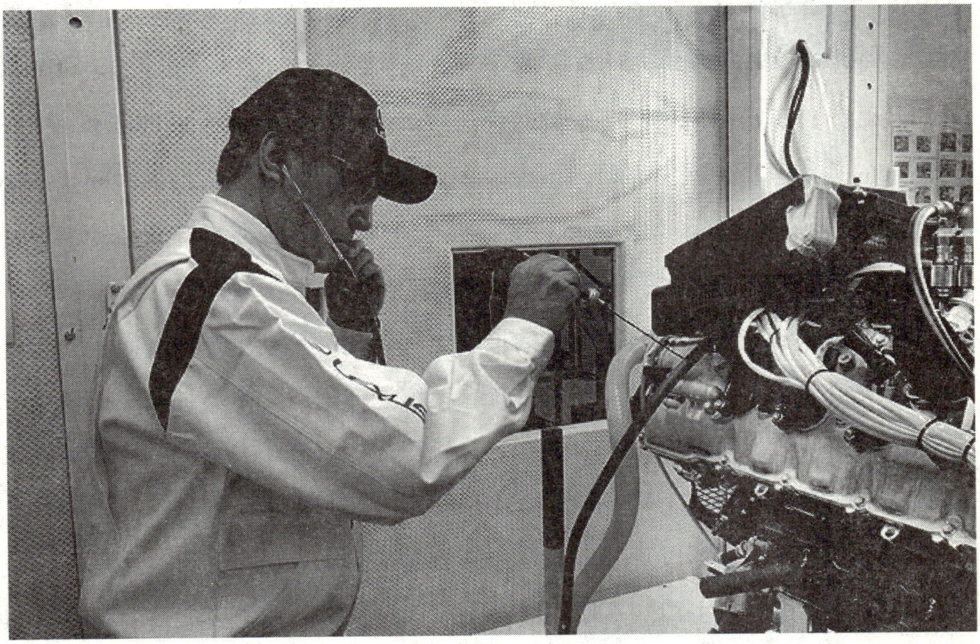

精细生产方式是现场管理的灵魂！按精细生产方式要求，生产现场管理资源配置要做到人流、物流、信息运转有序、及时、准确，使生产现场处于正常、有序、可控状态。为此，要做到生产上精心组织、管理上精雕细刻、工艺上精益求精、成本上精打细算、操作上精耕细作、精神上精诚团结。

精细生产是美国麻省理工学院数位从事国际汽车研究的专家对日本丰田生产方式的美称。精，即少而精，不投入多余的生产要素，在适当的时间生产必要数量的市场急需产品（或下道工序急需产品）；细，即所有经营活动都要精细有效！丰田公司的理念、思想、体系被学者概括为“精细生产”。

精细生产的核心思想是把传统的推动生产转化为拉动生产，从而建立起具有高度灵活性、高度效率性的生产系统。精细生产是适合多品种、小批量生产条件下的高质量、低消耗生产方式，是对传统大规模生产方式的挑战。丰田精细生产管理是既适应大规模生产方式又适合小批量生产方式的经典。

精细生产方式包括以下基本原则：价值是指在流程中找到哪些是真正的增值活动，哪些是可以去掉的不增值活动；流动是指将创造价值增值的各项活动流动起来，以真正实现价值和价值增值；拉动是指确保企业具备当顾客一旦有现实需要时，就能够立即设计、加工、制造出满足顾客需要的能力。

精细生产方式使丰田公司以低成本、高品质的产品享誉世界并获得巨大成功。日本企业在20世纪60年代竞相模仿精细生产，到20世纪末，欧美国家的制造业也开始引入精细生产方式。精细生产方式成为继亨利·福特发明的大规模生产方式后流程改进的变革，也成为使丰田公司崛起的推进器。

2. 看板管理控制进度

【关键词】零库存、看板管理

看板管理是现场管理有效工具之一！看板管理是生产过程中使用的定货方法，旨在实现零库存的理想状态。丰田公司采取拉式补充制度，即使用看板管理追求零库存境界。拉式存货制度实质上是准时生产模式追求的理想状态。准时生产作为现场管理工具是指在需要时按需要数量生产所需产品。

看板管理所借助的工具是看板，是一张装在透明塑料袋内的卡片，将现场人员作业内容写在上面，挂在现场，让人能一目了然。丰田公司使用看板主要有两种，一是取料看板，标明后道工序应领取物料的数量、型号、时间等信息；二是生产看板，显示前道工序应生产物品数量、型号、时间信息。

看板使用杜绝了将不良产品送到后道工序，管理者及监督者能及时发现不

合格产品并采取措施防止再度发生；后道工序按必要数量领取资料，领取资料时数量不能超过看板规定，领取后要在规定时间完成；现场管理可视化看板建立，使企业能立足现场运作均衡生产，这是精细生产的基本理念。

丰田公司现场管理使用看板能传递生产信息、保证操作标准、控制生产系统。使用看板传递现场生产信息是按以下逻辑运行的，即JIT实施是由后道工序到前道工序“在必要时刻领取必要数量的必要零部件”，前道工序“在必要时刻生产必要数量的必要零部件”，以补充被后道工序领走的零部件。

丰田公司看板“是用眼睛看得见的管理工具”。在拉式生产体系下，看板能够根据现场的实际状况自动列出指示，从而保证生产现场的标准操作。利用看板可避免生产过程中的各种多余活动，减少不必要的库存（真正向工业生产零库存做挑战）。使用看板管理能够保证现场操作标准与连接的实施。

使用看板能够控制生产系统状态，即看板管理是使生产系统状态能够实现动态自我完善的控制手段。使用看板能够控制生产系统运行，即生产系统在运行过程中，往往会出现设备能力不匹配、工序设计不合理、设备布局不合理、制品储备不适宜等诸多问题，使用看板能够有效控制生产系统运行。

3. 准时生产把握精度

【关键词】JIT生产管理方式

准时生产是现场管理有效工具之二！准时生产模式(JIT)是指在需要的时候，按需要的数量，生产所需要的产品。作为生产管理方式JIT能够减少闲置作业时间、作业切换时间、库存物品数量，准时生产模式导入，能及时规避劣制品的数量、不合格的供应商、产品供应周期、不及格的绩效的产生。

在丰田公司采用JIT生产管理方式前，汽车生产大都采用福特式大规模生产方式。在这种生产方式下，一半时间的人员、设备、流水现在等待零件；另一半时间，在零件到达后人员总动员紧急生产产品。这就使生产线或者不开机造成库存短缺，在开机后大量生产造成库存积压，导致资源浪费！

针对资源严重浪费，丰田公司认为若能做到三及时就能使汽车生产过程中的产品库存和财务负担接近于零。三及时是指将需要的零件在需要的时间按需要的数量供给每道工序，保证要什么及时给什么，需要时及时送到，要多少及时给多少。只有事前、事中、即时管理拿捏到位才能有 JIT 管理。

在环环相扣的汽车生产线上要做到三及时是件不容易的事情。为此，丰田公司采用超越常规的生产顺序，即以最后一条组装线为起点从后向前推进，由前道工序根据后道工序的订货进行订货生产，再由后道工序向前道工序领取物品，在各道工序之间通过轮流传递的看板实现严格控制生产数量。

丰田公司的 JIT 生产管理方式以提高附加价值为目标，把连续各道工序用这种管理方法统一起来，以保证产品高质量。对汽车制造系统来说，这是一种苛刻的要求，但这正是"丰田生产管理方式"所追求的目标。

通过不懈努力，与美国汽车企业相比，丰田公司只需一半数量的人力、生产场地、投资规模、生产周期、开发时间，就能把所需的零件在需要时刻准确地送到生产线，并使生产过程的产品库存与财务负担接近于零。JIT 生产管理方式是日本汽车工业遭受到资源稀缺以及多品种、少批量市场制约的产物。

4. 目视管理诉求力度

【关键词】目视管理、管理分级、管理道具

目视管理是现场管理有效工具之三！目视管理是指利用形象直观与色彩适宜的视觉信息达到提升效率的管理方式。是以视觉信号为手段，以公开原则将管理让大家看得见。由于注重视觉传递，被称为看得见的管理。

目视管理内容包括：规章制度与工作标准公开；生产任务与完成情况图示；定制实现视觉标准化设计；作业手段直观使用方便化；物品码放运送数量标准化；现场作业人员着装统一化；现场色彩使用标准化管理。

目视管理是通过直观视觉发现问题，尽早采取对策，通过直观视觉提醒当事人及相关人员，通过直观视觉激发现场人员竞争意识；通过直观视觉容易获得改善的建议。目视管理是现场作业简洁、适用、方便的管理。

目视管理包括：初级水准，有明确显示，能准确明白具体状态；中级水准，是判断水平，现场人员能判断状态；高级水准，是管理方法，异常问题处置条例。目视管理分级能使目视管理进阶，能使目视管理可行。

目视管理不是一套系统的管理体系或管理方法，也没有什么必须遵循的步骤。如果要列出实施步骤，应采用树立样板区，在局部实施成型后再全面推广。目视管理推广可以先易后难，先从初级水准开始，再向中级水平、高级水平过渡。在实施过程中充分利用目视工具及摄影手段是十分有益的。

【丰田公司案例】规定产品与零件放置位置，在布告栏上记入所在地。由此能很快知道库存管理、制作顺序、进展状况、搬运作业哪里有了异常；生产停止指示板设计，能明确生产线工作状况、设备出现问题地方、设备故障处理方法、具体对策商讨状况；布告栏悬挂在生产线上方，能清楚正在制作什么，下个制作准备是否完成，这条生产线负荷状况是多是少，是否要加班。

■ 工业现场管理体系（下）

现场管理是最能体现工业化大生产的生产方式！现场管理体系具有整体性、连接性、互补型、转化性、复制性、壁垒性特点，丰田现场管理体系八大要素缺少任何要素都会大打折扣，这是我们理解现场管理的前提。

1. 质量体系控制准度

【关键词】品质管理、五步故障排除法

品质管理是现场管理四大精要之一！丰田现场管理改善品质的重点是人员与流程。丰田公司品质审核不是按操作程序手册、分析统计数据、是否遵守程序等官僚化品质审核方法，而是使用一种简单至极的方法与工具来进行。任何时候，丰田公司品质专家与团队成员进行品质审核都运用四项工具：到现场查看、分析具体情况、使问题能浮现、问5次为什么，使复杂问题简单化！

【案例支持】五步故障排除法

五步故障排除法也叫五个"why"制度，即哪道工序出现了故障，操作人员在按动显示故障呼叫按钮后，要追问五个为什么，以便探询故障的原因并排除故障。如：针对一次机器故障，五步故障排除法是这样进行的：

◆ 首先，操作人员询问：机器运转过程中为什么停止？

◆ 其次，操作人员询问：为什么会出现超负荷的现象？

◆ 再次，操作人员询问：为什么轴承没得到足够润滑？

◆ 接着，操作人员询问：为什么油泵没有正常地泵油？

◆ 最后，操作人员询问：为什么油泵轴会严重地磨损？

丰田公司认为，品质管理是不断强调"品质是全体人员责任，提供给顾客优良品质是企业价值主张"。品质是不可妥协打折的，因为只有为顾客提供价值，您的事业才能继续生存，员工才能够留在公司、留住饭碗。

丰田公司产品的优质品质得益于全面质量管理。丰田公司认为生产系统中的每一道工序和每一个环节都会对产品的制造质量产生影响。在全面质量管理的要求下，"质量要在本道工序制造"，"下道工序就是顾客、确保下道工序正常作业"的思想意识已经开始深深扎根于丰田公司，扎根于生产现场。

2. 标准作业执行量度

【关键词】标准化、标准化管理

标准作业是现场管理四大精要之二！标准作业既是现场管理的依据，又是改善现场作业的基础。标准作业是将作业人员、作业顺序、工序设计、物流过程做最适当组合，按没有浪费的操作顺序设计生成的生产方法。

标准作业包括以下三大要点：标准作业主要针对工作人员的作业活动，不受机械设备的限制；标准作业是反复使用相同顺序的作业标准所进行的作业；标准作业反映了设计者与控制者的意图，是理性的管理工具。

丰田公司标准化作业主要包括标准周期时间、标准作业顺序、标准制品存量。

标准周期时间是指不同生产单元，生产一个单位成品所需要的时间。标准周期时间用公式表示：标准周期时间 = 每日工作时间 ÷ 每日必要产量。这是能够反映工作时间、必要产量、人均劳效、物品消耗的指标设计。

标准作业顺序是指多技能作业人员同时操作多台机器时应遵循的作业顺序。由于作业人员应在时间约束内完成工作内容，所以要遵循作业顺序。标准制品存量是指在生产单元内在制品储备最低数量，包括机器上加工的半成品，如果没有一定数量的在制品，生产单元内的机器无法实现同步作业。

在丰田公司，标准工作程序说明表格并不是张贴在工作场所内，因为操作人员已经受过执行标准化工作的训练，他们必须能够在不参阅标准化工作说明表格的情况下执行工作。标准化工作说明表格是张贴在外面的，是供领导者参考以执行审核工作，督导操作人员是否在遵循设计的程序与步骤。

在丰田公司，任何一位训练有素的管理人员发现瑕疵时询问的第一句话是：“有没有按标准化工作执行？”在解决问题时，管理人员看着操作人员按照标准化工作说明表所记载的步骤执行一遍，以检查是否有异，若操作人员完全遵循标准化的工作程序而产生了瑕疵，则表示标准步骤应加以修正。

3. 运用克度杜绝浪费

【关键词】生产现场浪费、生产过剩浪费

杜绝浪费是现场管理四大精要之三！杜绝任何资源浪费是丰田精细生产方式的基本概念！丰田公司要求每个员工在每一项作业环节里，都要重复问为什么（Why），然后想如何做（How），即“5W1H”，并确认自己以严谨态度完成完美制造的任务。丰田生产方式视所有业务过程中消耗了资源而不增值的活动为浪费。为了发现并杜绝浪费，丰田公司信奉“毛巾干了还要挤”的彻底合理化精神。丰田公司认为浪费主要来自两种情况，即生产现场浪费和生产过剩浪费。

生产现场浪费是指生产上“只会提高成本”的各种因素，如：过多的人员、过多的库存、过多的设备，这些过多一旦超出需求量不但会提高生产成本，而且会因为浪费而派生出第二次浪费。生产现场浪费包括：在现场的等候时间、不必要的运输走动、过度处理同一问题、生产产品出现瑕疵等。

生产过剩浪费包括两方面含义：生产出尚未有定单的产品造成雇佣过多的人员和大量产品的积压，从而导致储存成本与输送成本的浪费；过多原料与在制品或最终成品，导致较长的前置期和较多的陈旧过时品、毁损品，有时生产过剩浪费会派生出新的浪费，从而会严重影响企业生产与发展。

丰田公司认为最大浪费是过剩，如果库存超需要，车间容纳不了就得盖仓库，接着还要雇佣搬运工，进而为搬运工买搬运车。仓库为了管理库存要配备若干保管人员，这里所列的人员、车辆、库房、设备全是浪费。

丰田公司意识到，要实现杜绝浪费的目标，就必须设法消除过剩库存与过剩人员，使各种产品生产数量能够灵活地适应市场需求变化。做到“能卖出去多少就生产多少，以需求量定生产量，避免出现多余的库存；根据生产人员的生产能力改编生产线，避免出现多余人员，即坚持生产合理化原则”。

4. 5S 模式实现亮度

【关键词】整理、整顿、清扫、清洁、修养

5S 模式是现场管理四大精要之四！5S 模式是日本企业生产现场环境管理方法，包括整理（SEIRI）、整顿（SEITON）、清扫（SEISO）、清洁（SEIKETSU）、修养（SHITSUKE）。因五个英文单词首个字母都是 S，所以称为“5S 模式”。

内　容	概　要	目　的	要　领
整 理	将工作场所的物品分为有必要与不必要；把必要物品与不必要物品区分开来；不必要物品尽快处理。	腾出空间，空间活用，防止误用与误送活动。生产过程经常有多余、残余物品应及时清洁。	工作场所全面检查，包括看得到和看不到的；制定要与不要的判别标准；将不要物品清除工作场所。
整 顿	对整理后所留必要物品分门别类放置并排列整齐；明确具体数量，进行有效标注，整顿工作非常重要。	能实现工作场所一目了然；实现整齐的工作环境；消除找寻物品时间；消除过多的积压物品。	确定放置的场所；规定放置的方法；明确放置的数量；划线定位设标识，乱堆乱放受到追究。
清 扫	将工作场所中设备、设施、材料、工具、用具等的灰尘、污垢、碎屑清扫擦拭干净，保持清洁工作环境。	消除各种脏污，减少各种污染，保持环境清洁，真正干干净净、明明亮亮，提升环境品质。	建立不同清扫责任区域，执行例行扫除清理脏污，调查污染源，杜绝或隔离，建立清扫标准，形成规范。
清 洁	将上述工作进行到底并成为习惯。实施上述管理能使每位员工随时检讨工作区域有无上述不良现象。	维持上述工作成果，清洁是指在“整理”、“整顿”、“清扫”之后的日常维持活动。	落实前面整理、整顿、清扫工作，制订具体考评方法、制订制度加强执行、主管经常带头巡查。
素 养	培养每位成员养成良好的习惯并按规则做事。开展5S容易，但长时间的维持必须靠素养的提升。	培养有良好工作习惯，自觉遵守规范的员工；提升工作现场清洁、秩序、效率水平。	环境清洁、个人清洁、每天坚持、形成习惯、职业精神……只有长期坚持才能养成良好习惯。

■ 工业现场管理贡献

谈到管理，人们印象最深的往往不是抽象的理论，而是由具象的实务所凸现的管理实例！现场管理正是那种能给人深刻印象，由细节、实例、方法、体系、理念构成的管理模式！现场管理是留给世界的杰出教益。

1. 最实用的管理模式

【关键词】实用主义、投入产出

现场管理讲实用主义，实用主义作为哲学派别是哲学范畴的概括与抽象；作为管理范畴是指规避空泛说教，讲具体实用！现场管理作为管理方法与管理工具应讲究实用，即通过学习能够理解、能够导入、能够上手。

现场管理讲投入产出，投入产出哲学认为：人的一生大部分所学内容用不上造成了生命浪费；人不可能将所有东西都学到手再去工作；只要先懂三分，剩下七分在干中去学，有三分输入就要有三分产出，即现炒卖。

现场管理有理论支持，学习某种管理模式，既要学习如何做，又要学习为何这样做的道理！现场管理是在精细生产理论指导下的管理模式，是理性指导才使实践具有操作意义！这是我们学习与导入现场管理的答案！

现场管理有成型体系，丰田现场管理体系是由一个理念、三个工具、四大精要构成的现场管理体系。作为管理体系，丰田现场管理八大要素缺少任何要素都会使整体功能大打折扣，这也是我们理解现场管理的关键。

现场管理作为方法论，既为我们实施服务营运现场管理带来了作业的思路，又为我们向管理要效益提供了作业的方法。中国服务型企业（餐饮企业）现场管理所缺乏的正是由模式、方法、工具所构成的管理实务。

现场管理很容易上手，由于现场管理既没有深奥的管理理论，又没有刻板的管理教条，是以管理实务为主线的方法论，所以现场管理作为管理实务、管理方法、管理工具既容易上手又容易操作，是管理作业指南。

2. 最完善的生产方式

【关键词】经济哲学、经济科学

谈到生产方式，人们容易陷入教科书式的理解模式，即：生产方式是生产要素结合的实现形式，受生产力水平以及生产关系的影响。生产力与生产关系相结合构成了生产方式……这是政治经济学层面的典型描述！

现实经济运行最重要的是找到生产方式实现形式。实现形式既强调生产力与生产关系的相互关系，又强调科学技术的关键作用，还强调人的能动决定作用。当然生产要素最佳结合方式是实现生产效率最大化的保障！

经济哲学作为方法论，透过现象分析来把握事物本质，使人们能正确认识经济事物内在属性及本质；经济科学作为方法论，通过逻辑分析揭示事物要素间的相互关系，使人们正确认识经济事物规定、规则、规范。

从经济哲学角度分析，现场管理找到了工业生产、生产效率、生产要素相结合的最佳生产方式，这种生产方式不但能释放出巨大的生产产能，而且能实现生产效率最大化、生产品质零缺陷、生产成本最小化期许。

从经济科学角度分析，现场管理实现了硬体生产要素与软体生产要素间最佳结合方式，约定了硬体生产要素与软体生产要素之间的内在规定性，匹配了硬体生产要素与软体生产要素相互之间的规定、规则、规范。

运用哲学与科学方法从深度实务分析现场管理，我们不但对其成就感到惊叹，而且也为与您分享该题目而感到幸福。现场管理是既涉及经营、管理、作业层面的管理模式，又具备高度、深度、宽度内涵的管理模式。

3. 最理性的管理链条

【关键词】工作链条、控制链条、管理链条

现场管理最体现管理理性！理性包括人文理性（宗旨与方针）与工具理性（方法与工具）。现场管理理性既包括对生产要素、生产成本、工作效率的控制链条，又包括对流程管理、瓶颈管理、品质管理的管理链条！

现场管理成就基于与大生产、机械化、流水线相适应的工作岗位设计、工作流程设计、工作标准设计。将目标设计分解为计划，将计划分解为任务，将任务上生产线，旨在生产出规范化、程序化、零残次的产品。

现场管理还基于与机械化、流水线、大生产相适应的对要素投入、成本控制、工效控制的控制链条设计。控制链条设计使工作链条生产出标准化、高品质、低成本的产品。控制是指掌握控制对象，不使其超出范围。

现场管理还基于与机械化、流水线、大生产相适应的对流程、瓶颈、品质管理的管理链条设计。流程管理是对工作流程顺畅运行的管理；瓶颈管理是指恢复流程消除瓶颈；品质管理是对工作链条效率与效能的管理。

美国人是情绪的，日本人是平和的，德国人是理性的，无论是在什么国家、什么民族、什么制度背景下，只要处于大生产、流水线、工作链的运行流程中，导入现场管理都能够展现出完美的人文理性与工具理性。

【设想】如果没有控制链条与管理链条，工作链条运行的结果将会怎样？在汽车制造业：是工具理性才使福特汽车公司创造了业界史话，才使奔驰汽车公司创造了业界佳话，才使丰田汽车公司创造产业界的神话。

4. 最精细的管理实务

【关键词】精细理念、精细管理、精细生产

理念指导与约束人的行为，是企业进入文化期后才有的功能与作用。现场管理不但架构体系成型，而且有精细生产的理念指导！它展示了人文理性(方针、宗旨、纲要)，当理性上升为理念时就成为精神层次的指导！

精细理念是企业在生产过程中精神层次的追求，其核心是独特价值体系和经营观念；精细理念既是经营思想，又是道德准则。我们这样定义精细理念：是一种战略设计、经营理念、竞争手段、经营方式、生产体系。

精细管理不是繁琐管理、复杂管理、关注细节、注重量化，而是系统化价值创造。“精”是指经营管理的关键环节，“细”是指关键环节的主控点。精细管理是系统解决经营管理中各关键环节及主控点的匹配性管理。

精细管理源于20世纪50年代的日本，代表着发达国家现代企业的管理理念，表现为社会分工的精细化，以及服务品质的精细化对现代企业管理的必然要求，精细管理是建立在现代企业常规管理基础上的管理模式。

2003年，丰田公司已成为日本首家税前盈余超过1兆日元(87.4亿美元)的企业，丰田公司社长张富士夫在接受美国《商业周刊》的采访时说道：“日本要脱离困境，唯一的良方就是打破传统产业藩篱，引进‘丰田式精细化管理’。什么是精细化管理？就是在精细理念指导下的三大功能、四大精要。”

精细生产与精细管理是丰田汽车公司对现场管理的卓越贡献。作为现场管理指导思想的精细生产与精细管理理念，不但有精神内涵，而且有操作实务，没有复杂的理论与枯燥的说教，才成为受世人推崇的管理宝典！

42

第二章

餐饮二元业态
——餐饮企业现场管理

餐饮企业现场管理在原点呈现不平衡状态，表现在厨务清洁管理已有 5 常法和 6T 模式，而服务现场管理仍是空白，为此我们要分析餐饮业二元特点、厨务现场管理现状、服务现场管理现状，在原点把事情做正确。

学习丰田现场管理不难发现现场管理是由一个理念、三个工具、四大精要构成的体系。正是现场管理体系才使现场管理卓尔不群！餐饮企业现场管理虽然有厨务 5 常法和 6T 模式，但仍缺少服务部分的现场管理模式。

■ 餐饮业态特点分析

餐饮企业经营包括前场服务和后场厨务两部分功能，虽然二者之间有不同的分工，但要完成让顾客满意并使企业获利的共同目标。为此，厨务支持服务、服务满意顾客既是价值链条运行，又是不成文的运行规则。

1. 餐饮业是服务行业

【关键词】服务设计、服务环境、顾客感受

餐饮企业连锁经营店铺前场是服务部分，属服务业，餐饮服务为顾客提供无形产品，与顾客进行深度交往，餐饮服务创造价值与价值增值。餐饮企业连锁经营店铺服务包括服务设计、服务环境、顾客感受三大要素。

服务设计要完成服务模式设计，包括餐饮企业零点服务、包房服务、宴会服务三种服务模式；服务等级设计，包括餐饮企业高尚服务、中档服务、普通服务三种服务等级；服务特色设计，包括餐饮企业个性服务、差异服务、心理服务三种服务特色。服务模式、服务等级、服务特色都要设计实现模式，即支持服务模式、服务等级、服务特色实现的服务内容（服务提供的前提和基础）、服务流程（服务提供的速度和效率）、服务标准（服务提供的稳定和保障）。

服务环境设计要完成装修环境设计，包括确定装修设计主题、装修色彩主题、装修照明主题；装饰环境设计，包括确定装饰设计主题、装饰手法运用、装饰器物运用；文化环境设计，包括确定显性文化展示、功能文化展示、隐性文化展示。服务环境三大内容设计从不同层面与不同角度注释与打造着服务环境品质。其中，装修环境设计是服务环境实现的前提与基础；装饰环境设计是服务环境实现的审美与品位；文化环境设计是服务环境实现的内涵与精神。

顾客感受最终以综合体验生成顾客满意程度指标。顾客感受包括三个层面：顾客生理感受，是指顾客感官的真实感受，包括视觉感受、嗅觉感受、味觉感受；顾客心理感受，是指顾客心理的真实感受，包括个性服务、差异服务、心理服务；顾客综合体验，是指顾客体验的真实感受，包括服务体验、环境体验、心理体验。其中，顾客生理感受是顾客能感受的物理部分；顾客心理感受是顾客能感受的心智部分；顾客综合体验是顾客所感受与体验的综合部分。

2. 餐饮业是加工行业

【关键词】工作站、工作岗位、工作内容、工作流程、工作标准

餐饮企业后场是厨务部分，属加工业，通过厨务加工才能使原材料变成半成品、变成成品，才能向顾客提供原料新鲜、营养均衡、味道精美、色彩诱人的美食；才能通过服务交易环节实现产品价值和价值增值。众所周知，餐饮企业是专门加工、制作、售卖美食的场所。好吃稳定是餐饮企业持续努力目标，要实现好吃稳定，既要有素养与境界修炼，又要设计理性的厨务营运体系。

厨务营运体系设计包括：作业内容设计、作业流程设计、作业标准设计等内容。

作业内容设计是指不同工作站工作内容设计，以餐饮企业加工工作站为例，

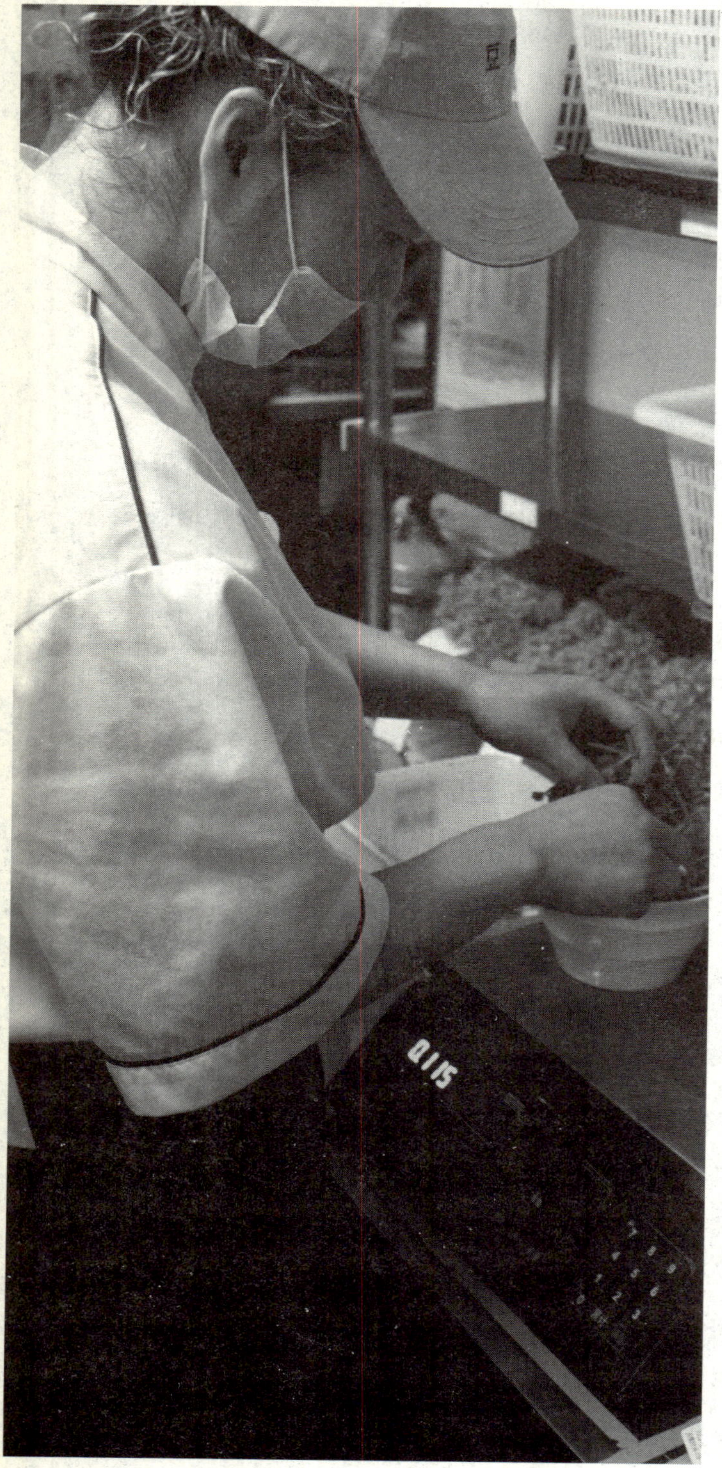

包括水台工作岗位、开生工作岗位、杀青工作岗位、腌制工作岗位工作内容设计。作业内容设计是任务分派的前提，是标准作业的基础。

作业流程设计是指工作岗位作业流程设计，以餐饮企业加工工作站开生工作岗位整猪原料开生为例，包括领料工作、缓化工作、整料脱骨、整料分割、分档取料、清理码放等内容，将工作内容相链接构成工作流程。

作业标准设计指工作岗位作业内容标准设计，以餐饮企业加工工作站开生工作岗位整猪原料开生为例，从领料工作、缓化工作、整料脱骨、整料分割、分档取料到清理码放都有工作标准，才能实现标准作业管理。

要实现厨务营运体系的高效运行，除了要设计不同工作站所属工作岗位的工作内容、工作流程、工作标准以外，还要导入厨务营运现场管理，这是厨务营运现场告别模糊、走向精确、提升效率、理性管理的关键！

厨务现场管理同样可参照、借鉴、套用服务营运现场管理五项任务模式，包括营业走势控制、工作设计督导、服务品质控制、清洁安全控制、突发事件处理等内容，这是笔者经过上百家企业验证的现场管理模式。

3. 餐饮业态劳动密集

【关键词】手工作坊、劳动密集、行业素质

餐饮产业是国民经济产业中持续成长的业种，令人遗憾的是，餐饮产业至今仍然处于手工作坊、劳动密集、行业素质较低的状况！

手工作坊作业，这是中式餐饮厨房生产方式的典型特征，手工作坊作业的特征是手工技艺为主，感性经验为主，艺术感觉为主。生产工具水平较低，以手工作业劳动为主……这一切导致厨房管理难以实现标准、难以实现稳定、难以实现复制、难以实现教授。技艺、感性、经验是以自己认识来表现艺术作品，虽然手工业不会退出历史舞台，但这种生产方式永远做不大、做不强！

劳动密集模式，这是中式餐饮前场服务系统的典型特征，餐饮服务一向以强调人对人的服务为骄傲，一直是以服务劳动密集为传统，一贯是人海战术的现场模式！劳动密集模式始终没有解决好生意冷清时人员过剩，生意火爆时人员短缺，生意平稳时缺少激情的状况。劳动密集模式如果缺少理性现场管理，容易造成人浮于事、在岗失业、效率低下的局面，这是不得不面对的现实！

行业素质较低，这是中国餐饮企业不得不面对的现实，主要表现在：从业人员的文化水平普遍较低，从受教育程度看，大学本科稀有、大学专科鲜有、高中文化少数、初中文化普遍。面对这样的状况，导入任何管理模式面对的不是实施、实现问题，而是从原点、从基础综合训练问题。这就使任何管理模式实施不能不带上行业特色，不能不设计初级班、预科班、扫盲班的课程。

餐饮企业后场感性、经验、传承的手工作坊模式已不适合餐饮连锁经营发展需要，不适合餐饮业年营业额以 15% 以上速度递增的状况；餐饮企业前场服务劳动密集决不是人浮于事，导入服务现场管理能提升服务效率、提升服务品质、

提升服务素养、提升顾客满意；导入现场管理能改善餐饮企业人员素质低状况，因为要导入就要设计训练、升迁、新酬体系等能提升素养的保证体系。

4. 餐饮经营增值模式

【关键词】转化增值、交易增值、服务增值

餐饮企业经营三种增值模式包括：转化增值模式、交易增值模式、服务增值模式。三种增值模式是通过餐饮企业服务体系与厨务体系配合实现的，三种增值模式实现是在营运现场完成的，可见现场管理的重要性！

转化增值模式是指餐饮企业厨务体系的经营增值模式，餐饮企业厨房从预估营业水平、申购食材餐料、领货验收使用，到初加工作业、精加工作业、烹制加工作业、打荷加工作业的加工制作过程，完成了从原材料向半成品、再向产成品转化的过程。在转化过程中，由于投入了活劳动和物化劳动，使产品本身实现了价值与价值增值，这就是转化增值运行与实现过程价值分析。

交易增值是指餐饮企业服务体系经营的增值模式，餐饮企业是顾客提供有形产品与无形产品的交易场所。顾客到餐饮企业用餐，是要完成购买产品与服务的交易过程，交易过程是由服务体系不同工作站、不同工作岗位按分工协作所实现的。这其中除了要把握各种关键时刻以外，还要把握点菜服务交易的关键任务。今天，餐饮企业服务交易基本是由服务领班和点菜师完成的。

服务增值是指餐饮企业服务体系经营的增值模式，服务创造价值是指服务劳动产品被顾客所承认，这是餐饮企业服务体系为顾客提供服务增收服务费用的原因；服务创造附着价值是指服务劳动附着在厨务出品上，使厨务出品完成从产品向商品转化过程并实现自身价值；服务创造价值增值是指服务劳动产品被顾客认可形成口碑，创造了餐饮企业服务品牌，从而实现价值增值。

在餐饮企业经营的三种增值模式中，交易增值模式与服务增值模式是由服务体系直接完成的；转化增值模式是由服务体系配合实现的，可见导入服务现场管理的重要性！服务现场管理可提升服务效率、提升服务品质、提升顾客满意，实现三种增值……这就是导入服务营运现场管理目的之所在！

■ 餐饮厨务现场管理

厨务现场管理既具有工业现场管理的特性，又具有餐饮业态本身特征，还有餐饮企业发展阶段特点。值得称道的是，香港餐饮同仁与上海餐饮同仁已提出了厨务基本管理 5 常法与 6T 模式，为餐饮业界做出了贡献。

1.5 常法的模式内涵

【关键词】香港 5 常法、日本 5S 模式

香港 5 常法是 1994 年由香港何广明教授始创的模式，5 常法源于日本 5S 现场管理模式，是一种由内部向外部、由人力到物力、由软件到硬件、由理论到实践、由制度到流程、由考评到自省……形成体系的管理模式。

对餐饮企业来讲，导入 5 常法对店铺安全、卫生、效率、形象等方面有明显的改善。5 常法核心内容：工作常组织、天天常整顿、环境常清洁、事物常规范、人人常自律。在此我们参照已公开的相关报道表述如下：

要点	描述
常组织	判断出完成工作所必需的物品，并把它与非必需的物品分开，将必需品数量降到最低程度，并把必需品放在一个方便的地方。
常整顿	采取合适的贮存方法与容器。研究提高效率的物品，先要决定物品的“名”和“家”，旨在用最短时间可以取得或放好物品。
常清洁	清洁检查与卫生检查是由组织所有成员一起完成的。餐饮企业每个人都负有清洁、整理、检查的范围与责任，以实现常清洁。
常规范	以视觉、安全、标准管理为重点并导入透明、可视、园林的工作环境，用全面视觉管理获得与规范工作环境，提高工作效率。
常自律	创造一个具有良好氛围的工作场所，并持续地、自律地执行上述“四常”要求，要养成制订与遵守规章制度的习惯，即常自律。

香港餐饮业极为发达，由于历史原因，香港一直是向世界开放的商港，香

港餐饮业的兴旺与发达也得益于此！在中西饮食文化的碰撞与交往中，香港餐饮业已成为中西饮食文化融合的样板与窗口，并受到世人的瞩目！在亚洲，香港餐饮业大量吸收了日本、韩国、泰国、印尼、马来西亚料理的精华，使香港餐饮业在亚洲的地位显赫！在高度融合的大背景下，香港餐饮业同仁借鉴日本5S现场管理模式优点，创造出了适合餐饮业现场管理的5常法就成为必然。

2.5常法的行业贡献

【关键词】降低成本、工作效率、责任意识、清洁水平、员工素养

传统管理观念是由公司高层制订管理规范，层层下达由员工执行，这种管理通病是难以让员工贯彻执行；5常法建立在全员管理基础上，即让员工从简单事情做起，形成习惯后能自觉执行操作规范，执行5常法能使员工切身体会到工作环境改善、工作压力减轻、工作效率提高，因而愿意长期执行下去。5常法有以下优势：

降低生产成本，通过执行物料的先进先出、设置物料库存标准和控制量表的方法，使库存保证不超过1.5天的量，大大减少了由于一时找不到物品而临时采购、重复采购、资金占压、价格上升、成本上升现象出现。

提高工作效率，将长期无用的物品清除或归仓，将有用的物品按使用量大小分高、中、低分别存放，所有物品有清楚的标签，保证需要的物品在30秒内找到。设备上标明操作规程，导入色彩管理，提升工作效率。

提升责任意识，每个岗位、每个区域有专人负责，并将负责人名字和照片贴在相应位置，避免责任不清、互相推诿情况发生。即使上级不在工作人员也知道该怎么做与要负的责任，坚持每天收工前五分钟执行五常。

提高卫生水平，通过对厨房所有范围，包括天花、风口、隔油槽、油烟罩……等卫生死角的彻底清扫，使厨房作业环境井井有条、光洁明亮，改变了厨房脏乱差现象，让顾客信任中式餐饮企业厨房的清洁卫生水平。

提高员工素养，工作人员通过反复执行及正确操作形成了良好的行为规范，养成了讲秩序、爱清洁、负责任的工作作风。使工作人员形成好的工作作风，

从自觉、到习惯、再从习惯到自然，旨在提升人员的综合素养。

5常法的贡献在于：

- 规范性，即在厨务现场建立对物品、对工具、对环境的管理规范
- 实用性，将平时不在乎、不重视、不注意的事情做到位，做到极致
- 操作性，五常法通俗易行，即使新入职的工作人员训练后都能完成

3. 上海6T实务内涵

【关键词】上海6T实务

餐饮业需要创建适合行业特点的现场管理模式，即让管理团队和工作团队都能行动起来，找出问题、制定办法、坚持执行，使许多事情都天天有人管；要找到简单易行的现场管理方法，使文化程度低、流动性大的工作人员一看就能够明白自己做什么、怎么做。上海餐饮协会学习日本“5S”现场实务管理和香港“五常法”管理精神，结合中式餐饮的实际，制定了上海餐饮业卓越现场管理（6T实务）的规范与标准，6T实务是指6个天天要做到，具体包括：

要点	描述
天天处理	将必需的物品和非必需的物品分开，工作现场不放置非必需品；将必需品的数量降到最低程度，按高、中、低用量分别存放，分层管理。
天天整合	将必需品放置在任何人都能立即取得的状态，实行物品分类集中放置，有合理容器、有名有“家”，能在30秒内取出和放回文件和物品。
天天清扫	将国家对餐饮业食品安全卫生法规要求，转变成从管理人员到每个员工每天要做的、简单易行的操作规范，即人人做清扫，天天保清洁。
天天规范	采用透明度、视觉管理、看板管理等直觉能一目了然的现场管理方法，使餐饮企业各项现场管理要求实现规范化、持续化，以提高效率。
天天检查	通过检查养成持续与自律的遵守规章制度习惯。每个员工自行制订每天收工前5分钟的6T(自己定6点，花5分钟能做好的事)，养成习惯。
天天改进	在完成第一轮现场管理目标后，要有第二轮（6T实务）新目标推进，这就是6T实务提倡的螺旋式向上不断改进，即天天改进、天天进步。

4. 上海 6T 行业贡献

【关键词】时间变量、规定动作、适合本土、推广力度、指导修正

自 6T 实务推广以来，凡是参加过培训的企业，约有 80% 已决定全面或部分店采用卓越现场管理，并结合企业实际情况试行，通过阶段试行普遍反应良好。除了收获香港 5 常法推广获得的成效（提高工作效率、降低生产成本、改善人际关系、提高卫生程度、提高员工素质）外，6T 实务贡献包括：

加入时间变量。6T 实务除了内容以外的第一大贡献，是加入了时间变量，有了时间变量的约定，才有定量管理、才有精确管理、才有精细管理。这既是 6T 实务的重要贡献，又是 6T 实务能告别模糊走向精确的关键！

设计规定动作。6T 实务除了内容以外的第二大贡献，是设计了规定动作，将 6T 实务内容以每日的形式实施，不但要完成每天的规定动作，而且要培育人员工作素养。设计规定动作，约束员工行为，6T 实务做到了。

适合本土企业。6T 实务除了内容以外的第三大贡献，是较适合本土企业，6T 实务是在借鉴日本 5S 现场管理、香港 5 常法的基础上，根据本土企业实践

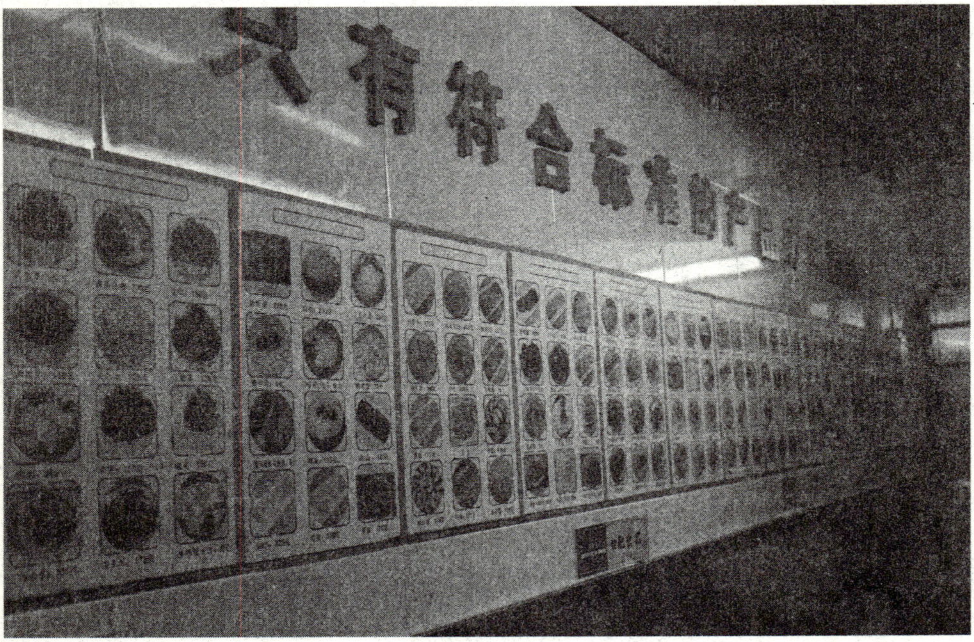

的产物，因而较适合本土企业。6T 实务适合大陆餐饮企业实际。

协会推广力度。6T 实务除了内容以外的第四大贡献，是协会推广力度强，无论是何以钊先生，还是上海餐饮协会，在上海餐饮界都有很强的影响，因而 6T 实务推广实施力度强。6T 实务受到上海与全国餐饮界认可。

及时指导修正。6T 实务除了内容以外的第五大贡献，是能及时指导修正，6T 实务在上海餐饮业推广，不但有协会支持力度，而且在区域推广能得到及时指导修正，使 6T 实务平稳实施。6T 实务对餐饮业是有贡献的。

上海餐饮业年营业收入增幅已持续多年在 20% 以上，据上海市统计局数据显示，2005 年上海全市餐饮业营业收入已达 350 亿元。餐饮业已成为上海经济发展的重要组成部分，作为国际化的大都市，作为上海经济的组成部分，作为中国最发达地区的上海餐饮业，产生 6T 实务模式也属于一种必然！

■ 餐饮服务现场管理

当人类社会已进入服务经济时代时，中国服务企业没有做好准备，我们的高等学府少有服务经济专业，我们的科研机构鲜有服务经济研究所！我们在理论、理念、实务三个层面都落后了，这就是我们所面对的现实。

1. 实践超前，理论滞后

【关键词】经济转型、实践发展、理论空白、行业素养

21 世纪的今天，虽然餐饮产业已成为国民经济的支柱产业，但餐饮业态实践超前、理论滞后的现状构成了繁荣下的阴影。当然产生这种现象与餐饮产业经济转型有关、实践发展有关、理论空白有关、行业素养有关。

1978 年十一届三中全会不但确立了改革开放的国策，而且实现着从计划经

济向市场经济的转型。搞市场经济我们没有实践、没有经验、没有理论，因而要付出一定的转型代价。2001年，中国成功加入WTO，我们不但要了解国际市场，而且要与国际市场接轨。当然，与国际市场接轨我们仍要付出一定的代价，不过这是发展的代价、成长的代价、发达的代价！是实践超前的代价。

搞市场经济，发达资本主义国家已有上百年历史，我们才有30多年的探索，相比而言毕竟太短暂，30多年时间所展示的实践毕竟有限！因为实践还没有给我们提供大量事例、案例、经历，让我们总结、提炼、升华，形成指导实践的管理理论。于是我们大量引进、吸收、消化与西方市场经济、制度经济、文化背景相配套的微观管理理论，既有消化不良症状，又有水土不服症状。

翻开管理理论发展史，无论是古代管理，还是近代管理，或是现代管理，还鲜有中国企业与中国学者印迹，这既与我们放弃东方传统文化有关，又与我们吸收西方管理理论造成自己管理理论空白有关。没有自己的管理理论，没有成型的管理实务，缺少经典的管理案例，这是中国餐饮企业不得不面对的现实。中国餐饮企业管理需要具有指导意义的管理理论、管理实务、经典案例。

餐饮业是劳动密集、手工作坊、行业素质较低的行业，很难吸纳高学历的人才进入，我们不是说学历等于能力，但学历能代表一定的素养。高学历的人才进入行业，在完成从“知”向“识”的转变过程后，不但上手快，而且有后劲。设想：如果大专学历鲜有、高中履历少有、初中履历普遍，这样的员工队伍文化结构状况应该如何训导？而这恰恰是餐饮行业要面对的现实！

2. 缺少管理训练体系

【关键词】管理理论、管理实务、管理实践

餐饮企业发展没有管理理论支持会付出多大代价？餐饮企业管理没有管理实务解析会摸着石头过河！餐饮企业实践缺少理性提炼会效仿别人案例！中国餐饮企业的发展，缺少从管理理论到管理实务再到管理实践的系统、链式、递延支持。在这样的背景下，餐饮企业没有管理训练就不难理解了！

21世纪的今天，餐饮企业之间竞争用惨烈来形容决不过分。在经济持续繁荣的背景下，让餐饮企业同仁伤心的还有人员短缺、人才奇缺、人员流动的现实。为了应对人力资源市场这种局面，餐饮业界同仁已认识到餐饮业也是培训业，不打造成型的训练体系，餐饮企业生存与发展将成为大问题。

当餐饮企业忙于打造训练体系时，我们提醒您千万别忘记训练体系既包括对工作团队的工作训练，又包括对管理团队的管理训练。对工作团队训练还好上手，关键要简洁、实用；对管理团队训练餐饮企业要面对：

其一，没有成型的训练技术，餐饮企业管理团队综合素养提升，除了要设计管理训练体系以外，还要有成型的训练技术。所谓训练技术是指训练体系、训练手册、训练人才以及传承素养的教授、辅导、指导的技术。

其二，没有成型的培训人才，管理理论落后于管理实践，管理实践没有提炼升华，导致管理训练人才短缺。当然，完善基础管理、专业管理、管理发展，用自己人员、自己教案、自己案例培养管理人才绝非易事！

其三，缺少成型的培训模式，餐饮企业没有把管理培训课程与管理手册培训合二为一。当然，合二为一的前提是既有自己的管理手册，又有手册培训辅导。要做到这一点绝非易事，因为餐饮企业没有度过管理期。

3. 没有管理训练教案

【关键词】基础管理、专业管理、管理发展

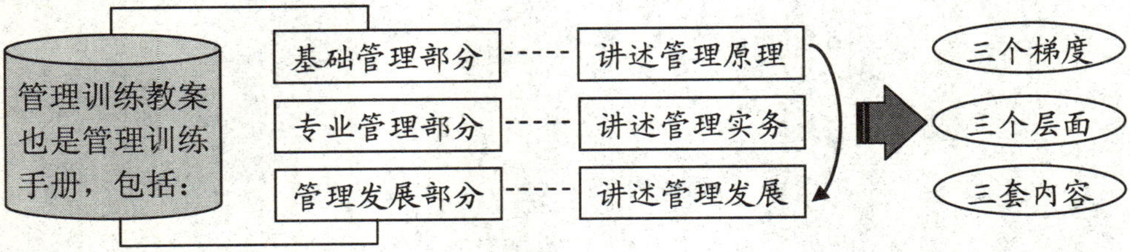

基础管理是星级服务人员向领班晋升要进修的管理课程。因为从基层工作人员向基层管理人员过度，除了必要的工作经验、技能、知识以外，必须进修管理课程。我们必须承认，餐饮企业很多管理人员不是学管理专业的，因而在管理工作中就存在着不知道什么是管理、不知道该怎么管的现象，所以只能靠自己感悟，实施很个性、很感性的管理，这就使中式餐饮企业管理处在感性的、经验的、非理性阶段。基础管理是从基础与实用层面讲述领导、计划、控制、沟通、辅导、授权、激励、团队等内容的管理实务，是最适用的基础管理修炼。

专业管理包括服务管理与厨务管理，是服务经理、服务副理、服务领班，与厨务经理、厨务副理、厨务领班应研修与掌握的内容。专业管理是营运管理的理念、方法、工具，是营运管理告别模糊、走向精确，实现理性管理的前提和基础。关于专业管理以服务专业管理为例，是以服务营运为主线，对服务营运的例行性工作和非例行性工作的精细管理。当然，服务专业管理的时间、内容、要点既要与厨务专业管理之间相协调，又要与行政专业管理之间相协调。

管理发展是指在基础管理、专业管理的基础上，为实现对管理组成员从入职到离职的终身培训计划。餐饮企业应设计管理发展课程，即将最前卫与最适用的管理理论进行总结与提炼，将管理理论浓缩为管理实务，并与基础管理、专业管理对接形成管理发展训练内容。关于管理发展，在原有管理基础上导入了流程管理、瓶颈管理、绩效管理……这是餐饮企业能够与时俱进、不断发展、自我完善的关键。客观地讲，餐饮产业只有少数国际品牌企业能做到这一点！

4. 现场成为薄弱环节

【关键词】被动型、经验型、非理性

“决战在现场，决胜在市场”是本书导言讲述的内容。在实践超前理论滞后、缺少管理训练体系、没有管理训练教案的背景下，餐饮企业现场管理已成为薄弱环节，表现为被动型管理、经验型管理、非理性管理。

被动型管理是指缺少计划的管理。在基础管理部分讲授计划管理时，非常重视计划管理的作用，因为：计划管理是思维方式（强调预知性、前瞻性、可控性，将未确定的事确定下来，将确定的事计划出来，将计划的事以任务方式拟定出来）；计划管理是工作方法（计划就像一条主线把每个职位都串联起来，给每个人都赋予任务，通过制定行动方案使战略、岗位、人员合为一体）；计划管理是实施工具（提醒性，计划应落在纸上；接受性，计划要能被接受；可行性，计划要有挑战性；时间性，计划要有时间性；衡量性，计划要有可衡量性）。

经验型管理是指个性化的管理。经验是对过去所经历事物内在规律的把握，经验是必要的，但经验不是共性的、不是普遍的、不是通用的。以餐饮服务为例，每个饭市顾客是不同的、人员是不同的、场景是不同的，我们不能以特定场景下所得出的经验以不变应万变，这也是我们导入服务现场管理五项任务内容（营业走势控制）的要因！经验型管理是个性化的管理，是难以规范的管理，是难以复制的管理，这也是中式餐饮企业难以形成管理团队储备的原因。

非理性管理是指感性型的管理。每个人都是个性的，每个人家庭背景、成长环境、性格特征、年龄结构、阅历结构等都不同。若从个人的个性角度从事管理工作会导致非理性管理，造成非理性管理的原因是餐饮业实践超前理论滞后、缺少管理训练体系、没有管理训练教案、现场成为薄弱环节的现实。非理

性管理还表现在管理人员来自不同背景，每个人都把自己对管理的理解导入餐饮企业，最终导致非理性管理。理性管理指有方法、有工具的体系化管理。

■ 为何学习现场管理

现场是餐饮企业所有经济活动的发生地，现场管理最直观反映服务管理水平及服务管理素养。掌握现场管理精要能够指导餐饮企业建立现场管理秩序，实现服务效率最大，实现服务品质最优，实现顾客满意最佳。

1. 建立现场管理秩序

【关键词】生产要素、工作流程、管理流程

学习现场管理是要懂得如何建立现场管理秩序，因为管理就是要建立一套秩序，使工作变简单、能复制、可衡量。现场秩序包括：

生产要素组合包括服务环境、设备设施、家私工具等硬体要素组合，其中人性化服务环境是服务内容要素之一；高质量

设备设施是服务环境的经济指标；适用性家私环境是服务环境舒适指标。生产要素组合包括服务理念、制度约束、手册工具软生产要素组合体，其中服务理念设计赋予服务体系之灵魂；制度约束设计赋予服务体系之规范；手册工具设计赋予服务体系之标准。

工作流程设计有两层含义，其一，是指不同工作站内部工作岗位流程设计；其二，不同工作站之间工作流程链接设计。服务营运现场管理的重心是向流程要效率与效益，没有不同工作岗位流程设计的最优，没有工作站之间工作流程链接设计最优，就没有流程效率最优的基础。客观地讲，没有工作流程设计，服务设计三大要素中的服务内容与服务标准也失去了实现平台！工作流程设计既包括单项工作内容链接设计，又包括工作作业研究等工时与工效内容。

管理流程设计既包括四大链条（命令链、工作链、责任链、权力链）设计，又包括服务现场管理作业模式设计。实施现场管理的前提是设计服务管理组织体系，既要完成服务管理组织架构设计，又要完成职务说明体系设计。职务说明体系设计实际上是完成了职务体系的命令链、工作链、责任链、权力链的设计。服务现场管理作业模式设计，实际上是完成了现场管理作业的管理内容、管理流程、管理标准设计。上述内容是中国餐饮企业缺乏的基础管理内容！

2. 实现服务效率最大

【关键词】工作动线、管理动线、顾客动线

服务工作动线是服务体系不同工作站工作岗位之间的连接。服务营运现场管理能否实现绩效最优，关键要看是否能实现效率最大，要实现效率最大就要把握服务营运现场服务动线、管理动线、顾客动线理性设计。

餐饮企业服务营运现场工作动线包括：迎宾领位工作动线、值台服务工作动线、传菜服务工作动线、水吧服务工作动线、收银服务工作动线等内容。服务营运现场管理若没有不同工作站之间服务工作动线链接的最优，服务效率最大的实现则是一句空话！当然，要实现营运现场服务效率最大，服务工作动线还要连接厨务工作动线和顾客用餐动线。这三条动线之间的关系是，顾客用餐

动线是服务工作动线设计的前提，厨务工作动线是服务工作动线设计的支持。

餐饮企业服务体系管理人员现场管理动线，构成了管理动线设计。餐饮企业服务现场管理，不同层级服务管理人员的管理内容既有分工又有协作，其中服务经理现场管理强调对大局把握，服务副理管理人员在服务现场都忠于职守，才能实现管理最优！当然，要注重顾客用餐与服务工作动线把握。

顾客进入餐饮企业经历的环节与过程构成顾客动线。顾客动线包括：到餐饮企业停车泊车、寻找理想的就餐环境、点茶水酒水及点菜品、用茶用酒与享受菜肴、用餐中加菜减菜退菜、享用餐后水果及茶水、部分剩菜的打包包装、去洗手间洗手及理容、埋单结账找零及发票、整理物品后穿衣离店等十个环节连接所构成的动线。对顾客动线掌握是服务动线与厨务动线设计的关键！

3. 实现服务品质最优

【关键词】服务因素、顾客因素、环境因素、服务现场

所谓服务是指在特定场所为顾客提供某种效用，即为顾客提供某种使用价

值。所谓服务品质是指在特定场所顾客享用某种效用的满意程度，从服务品质概念内涵我们能提炼出三大因素：其一是服务要素，其二是顾客要素，其三是环境要素。这三大因素都存在诸多不确定因素，应引起高度重视。

服务不确定因素是指服务人员的不确定因素，虽然餐饮企业设计了服务内容、服务流程、服务标准，但服务人员心态、服务人员行为、服务人员素养是动态的，很难能整齐划一，因而服务人员的服务是不确定的。

顾客不确定因素是指就餐顾客的不确定因素，因为餐饮企业每个饭市顾客是不同的，即使同一顾客在不同饭市、不同心情、不同状态所表现出的言行举止也是不相同的，这就使顾客对服务感受评价缺少稳定标准。

环境不确定因素，是指色彩环境、照明环境、温度环境、湿度环境、音乐环境、气味环境指标是不同的，虽然餐饮企业力求实现上述环境指标的标准化与定量化，但要实现上述指标的稳定性，在操作上是有难度的。

工业现场与服务现场相比有很大不同，具体表现在：

工业现场	服务现场
主体：是人与机器	主体：是人员、顾客、环境
生产：创造有形产品，获得有形回报	服务：创造无形产品，获得价值回报
过程：生产现场管理，没有顾客参与	过程：服务现场管理，顾客直接参与
作业：以标准化作业，定量化的生产	作业：程序化的作业，规定化的服务
绩效：成果可以衡量，可以预先设定	绩效：成果无法衡量，无法预先设定
目标：生产合格产品，实现价值增值	目标：提供优势服务，实现顾客满意

服务人员是不稳定的，顾客结构是变化的，环境指标是动态的……这也是服务现场管理难于标准、难于定量、难于规范的原因。正因为如此，为顾客提供稳定服务品质才成为格外重要、格外关键、格外迫切的指标！

4. 实现顾客满意最佳

【关键词】100–1=0 效应、前功尽弃效应、否定放大效应

服务现场管理导入的出发点与落脚点是为实现顾客满意。客观地讲，顾客满意难度最大，因为顾客满意要跨越三大效应：其一，100–1=0 效应；其二，前功尽弃效应；其三，否定放大效应。对此应高度重视。

餐饮企业服务营运的潜规则Ⅰ：遵循着 100–1=0 效应。所谓 100–1=0 效应是指顾客从寻址、找位、停车，到点膳、上盘、用餐，再到享用、埋单、离店过程中，若有一个环节、一个点位、一项服务出现纰漏、瑕疵、问题都会造成顾客不满。因一点不满，餐饮企业的其他努力也会变为 0，这就是 100–1=0 效应。这种效应不公平，但天天发生，因为评价者不是餐饮企业，而是顾客！

餐饮企业服务营运的潜规则Ⅱ：遵循着前功尽弃效应。所谓前功尽弃效应是指顾客用餐过程包括若干关键时刻、关键内容、关键环节，三个关键是伴随顾客用餐进程一幕幕展开的。如果说 100–1=0 效应告诉人们现实如此残酷，那么前功尽弃效应则告诉人们没有机会弥补！调研实务表明：顾客往往因为上一个环节的纰漏、瑕疵、问题而对整个服务做否定，不给餐饮企业任何机会。

餐饮企业服务营运的潜规则Ⅲ：遵循着否定性放大效应。否定性放大效应是指不满意的顾客对餐饮企业的负面危害。如果顾客有不愉快的就餐经历，一般不会再次惠顾，不但如此，每位不满的顾客至少要告诉 15 人。

【调研显示】顾客不再光临的原因，有 82% 是因为对餐饮企业产品或服务不满。如果餐饮企业能够当场为顾客解决问题，95% 的顾客会成为回头客；如果事后处理得好，有 70% 的回头客，处理不好，有 90% 的顾客会流失。

学习服务现场管理，理解关键时刻作用，既能实现顾客满意，又能让顾客持续满意。餐饮企业让顾客满意的关键是要把握关键时刻、满足顾客需求、提

诚信服务 满意100

供适度服务、顾客良好体验、服务口碑传递这条服务价值链！

让我们从顾客类别定义中去领略现场管理的重要性：

回头顾客是指第二次购买餐饮企业产品服务的人；

忠实顾客是指若不受到伤害会持续惠顾企业的人；

最佳顾客是指不但持续惠顾而且让朋友惠顾的人。

第三章

服务现场管理
——类别·任务·实现

服务营运现场管理需要定位，即服务营运有几个现场？服务营运现场任务需要定义，即服务营运有几项任务？服务营运现场任务有何内容，即每项任务是什么？任务内容彼此是何关系，即不同任务之间有何关系？

营运总监、区域经理、连锁店长、服务经理，是服务营运现场管理任务的设计者、指导者、管控者、执行者，四者之间的分工协作实现着服务营运现场管理任务设计，并构成连锁经营业务体系营运价值链条运行。

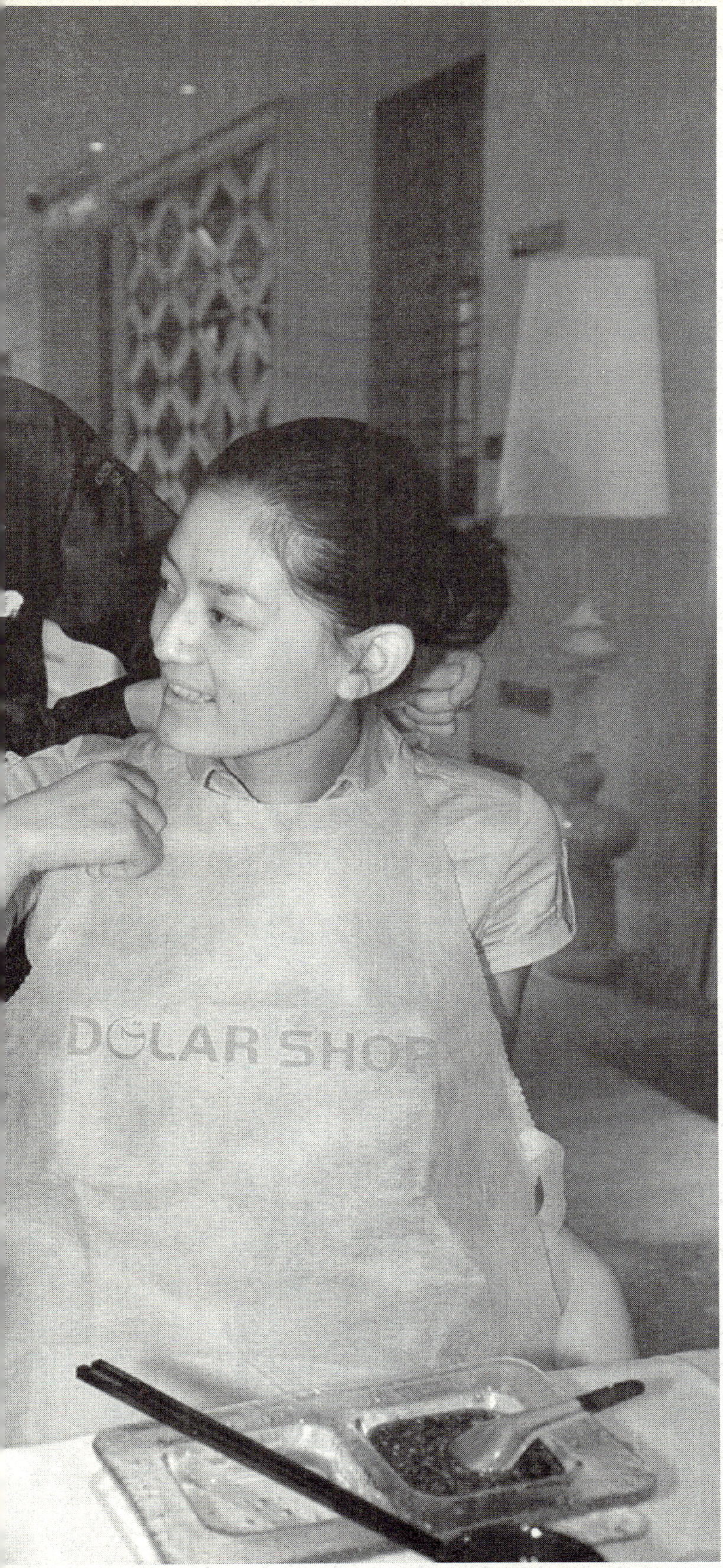
DOLAR SHOP

■ 餐饮服务现场类别

谈到现场管理，人们容易产生狭义理解，即营业过程现场管理。实际上，餐饮企业有开市前的准备现场、开市中的营运现场、开市后的收市现场等三个现场。牢记：餐饮企业有几个饭市，现场管理就有几次运行！

1. 开市前的准备现场

开市前准备现场管理是在店铺营运服务体系设计基础上，通过任务分派让所有工作人员在适当时间、适当地点、按适当程序做开市准备工作。开市准备现场管理工作优秀，能够为市中营运现场管理运行夯实基础。

凡事“预则立，不预则废”。事前准备工作是事中现场作业的基础，管理人如果没有在事前对现场管理所需资源做好准备与安排，就像士兵上战场未带枪弹一样，不要说取得战斗胜利，就连战斗都无法打响。因而，事前按计划对现

场管理所需营运物资做好理性安排，是事中营运现场管理的基础。

准备提示·准备内容：人员、物品、原料、用品、现金。

·实现方式：计划、班表、会议、分派、跟进。

·注意事项：准确的营业额预估是前提和基础；

·注意事项：服务、厨务、行政间的有效沟通；

·注意事项：开市前例行检查是必要把关手段。

管理人员在餐饮企业店铺营运现场饭市中扮演“救火队”角色有两大原因：其一，预估能力不足；其二，市前准备不足。两大原因与市前准备现场工作不到位有关。饭市中营运现场秩序建立以饭市前准备为前提。

{自我检查}您是不是按要求做市前准备？

☆ 是否根据营业额预估做好人员的配置？

☆ 是否根据营业额预估做好物品的准备？

☆ 工作人员是否清楚地知道应该做什么？

☆ 是否针对上个饭市的问题总结和训练？

☆ 管理人是否按要求进行市前现场检查？

☆ 是否设计了应对环境变化的具体措施？

2. 开市中的营运现场

市中现场管理是指管理团队与工作团队按既定时间、既定程序、既定标准实施饭市营运。市中现场管理包括高峰期前、高峰期中、高峰期后三个时段，市中现场管理既要管好每个时段，又要使每个时段平稳链接。

【管理人牢记】市中营运现场是直接与顾客接触，并销售产品与服务的现场，餐饮企业的服务设计与一切准备工作都要在有限的时间与空间内付诸实施！市中营运现场管理既是现场管理的关键，又是人们通常所理解的营运现场管理。当然，服务现场管理与厨务现场管理之间也有着密切的关系。

技巧提示
· 工作内容：执行工作内容、工作流程、工作标准。
· 实现方式：实施任务分派、现场指导、现场控制。
· 注意事项：服务经理人的工作地点是在营运现场。
· 注意事项：市中现场管理重点是高峰期现场管理。
· 注意事项：营运现场管理以顾客满意为最终目标。

市中营运现场高峰期前后还好把握，高峰期间现场最难把握，即工作人员忙乱、管理工作无序、顾客需要不同，理想的营运高峰现场应忙而有序、杂而不乱。造成营运现场高峰期服务管理混乱原因包括：管理人员工作任务与责任不明；工作人员作业的熟练程度欠佳；工作岗位之间的链接不到位。

｛**自我检查**｝您是不是成功地进行了营运现场管理？

☆ 是否有明确工作流程，包括服务流程和厨务流程？
☆ 是否有明确工作标准，包括服务标准和厨务标准？
☆ 是否有与工作设计相适应的管理流程与管理标准？
☆ 是否设计了应对意外事件发生的防范措施和准备？
☆ 是否保持高效的服务沟通、厨务沟通、行政沟通？
☆ 管理人是否有明确工作分工？经理人是否在现场？

3. 开市后的收市现场

市后收市现场是指按既定程序、步骤、要求在饭市高峰期后，管理团队与工作团队做好收市准备与收市实施工作。市后收市现场工作优秀，既为本饭市经营划上了圆满句号，又为下个饭市的准备工作夯实了基础。

在实际工作中，两个饭市之间的间隔是有限的，特别是午市与晚市之间，不能完全隔裂开来，不能完全等到上个饭市结束再进行下个饭市准备，饭市之间往往存在着工作交叉。这就要求现场管理人员做出合理安排，让一部分人做好上个饭市的收尾工作，让另一部分人着手准备下个饭市的开市工作。

技巧提示：· 工作内容：收银盘点、清洁工作、物品准备、用品准备。

· 实现方式：流程设计、步骤设计、运用表单、现场跟进。

· 注意事项：保持营运现场秩序，不影响正在就餐的顾客。

· 注意事项：注意工作人员班次的交接问题以及临时调整。

· 注意事项：物品与用品的盘点、领用、补充、准备工作。

市后收尾管理是现场管理薄弱环节，容易出现虎头蛇尾现象，表现为：经过高峰期忙碌人员显出了疲态，对收市认识不足，认为有开市准备就足以了。从营运层面讲，要根据上个饭市情况，对下个饭市做必要补充。

{**自我检查**} 您是否成功地进行了收市管理？

☆收市管理是否影响了正在就餐的顾客？

☆是否实施了区域性现场彻底清洁工作？

☆是否根据现场情况进行人员班次调整？

☆是否为下个饭市做好物品、用品准备？

☆是否要改进下个饭市的营运工作计划？

☆每日收市工作是否要进行全面的检查？

4. 服务现场全景链接

现场管理有宽频界面，虽然我们采取重点主义原则剖析了服务营运市中现场管理，但这只是一个完整饭市现场管理的1/3。为此，我们需要全景链接服务营运现场，站在新的高度来认识、理解、运用服务营运现场管理。

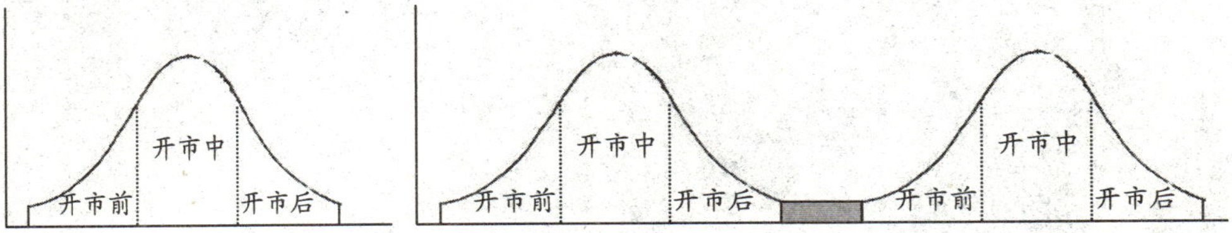

相同饭市阶段链接是指每个餐饮企业饭市设计都包括餐前准备工作、餐中营运工作、餐后收市工作三个阶段，与三个阶段相对应的是餐前准备工作现场、餐中服务营运现场、餐后收市工作现场作业链接。没有餐前准备工作现场的前提，缺少餐后收市工作现场的基础，餐中服务营运现场就失去了支持与保障，这是我们应深刻认识与理解的服务现场管理内涵。牢记：餐中服务营运现场只是一个饭市的1/3，所以要把握饭市三个不同阶段现场管理的有效链接。

不同饭市之间链接旨在确保饭市平稳与顺利运行。若餐饮企业经营午市与晚市两个饭市，那么现场管理链接既包括同一饭市三个不同阶段现场管理链接，又包括不同饭市之间现场管理链接。以午市收市工作为例，收市工作优秀既为本饭市画上圆满句号，又为下个饭市开市准备工作夯实了前提；晚市收市工作现场管理优秀既为本饭市画上句号，又为全天饭市画上圆满句号，还为第二天开市准备工作夯实了前提，这就是我们强调饭市之间现场管理链接的目的。

服务现场全景链接描述包括，其一，饭市不同阶段现场管理链接；其二，不同饭市彼此之间现场管理链接。我们的目的是让您运用现场管理方法建立“以时间为坐标、以流程为主线、以任务为核心、以顾客为根本、以管理为重点”的现场管理方法体系，这既是现场管理的内涵，又是服务专业管理的内涵，更是服务管理手册的内涵。设想：餐中服务现场管理优秀、饭市服务现场管理优秀、全天服务现场管理优秀，不就是人们追求的总体现场管理优秀吗？

■ 为何选择5项任务

以精细生产理念为指导的丰田现场管理包括10个方面68个细节，如此庞大体系很难导入与运用！为此，针对餐饮企业现场管理特点，我们精选了现场管理5项任务。为何选择5项任务？您仔细研读后肯定有答案！

1. 关键任务内容理解

企业经营与管理需要对任务进行甄别，分清任务等级与轻重缓急，用关键人物去完成关键任务，才能保持组织的灵活性与秩序性。

蚂蚁群的20%

据生物学家观察，蚂蚁群体不管数量是多少，在辛勤忙碌的时候总有约15%～20%的蚂蚁闲逛。科学家将不干事的蚂蚁全捉起来，希望蚁群提升工作效率；但令人惊奇的是蚁群中又出现了15%～20%的闲逛者，其实蚁群这样做是为保持对新食物源的探索。显然，懒蚂蚁同其他蚂蚁一样也在做重要工作。

黄金分割法则

80/20法则是意大利经济学家帕累托，在19世纪研究各国财富分配后发现的财富分配黄金比例，后来被称为帕累托法则！80/20典型模式认为：在你所完成的工作中，80%的成果来自你花费的20%时间，80%的产出来自于20%的投入，80%的结果源自于20%的原因，80%的成绩归功于20%的努力。

关键任务管理

关键任务一词最早提出可追溯到美国国家航空航天局的太空计划，最初含义是表示一项决定整个项目成功的活动；后来关键任务这个概念为商业领域所运用，主要用来描述任何能迅速、持久地发挥作用，使企业具有生机的项目或战略。显然，从关键任务一词的追溯可看出与战略相联系的内涵！

【关键任务提示】管理的关键任务要由管理人来完成，不能授权给别人完成，具体地讲就是把握方向、控制秩序、现场管理。管理人要把握关键因素、设定关键任务、完成关键任务，因为关键任务管理是关键中的关键。现场管理之所以有5项任务，是因为5项任务涵盖了现场管理的关键内容！

2. 关键指标设计要求

无论任务指标还是绩效指标，重点主义管理讲关键指标。关于关键指标修炼您需要掌握关键指标描述、设定、运用三个方面精要。

关键指标描述

关键指标(KPI)是与餐饮企业战略目标相联系的业绩指标，是反映个人与组织业绩及贡献的评价指标；关键绩效指标是衡量员工工作绩效的量化指标，是绩效管理的重要组成部分；职位绩效指标取决于与战略目标的联系，当职位绩效指标是餐饮企业战略目标的组成部分时，则构成关键绩效指标。

关键指标设定

关键指标设定不宜太多，一般有3～5项即可，如果指标设计过多会与关键二字相悖！关键指标既有严肃性又有灵活性，过于严肃只能够带来僵化，过于灵活只能够带来随意。关键业绩指标与服务人员配置、人员工资总额、设施的完好率、安全指标设计、顾客满意设计……等构成了整体指标体系。

关键指标运用

关键指标体系设计的目的是使服务体系不同工作站、工作岗位通过有效沟通达成共识，以明确不同工作站、工作岗位的关键业绩及贡献，并以此来确定不同工作站、工作岗位的工作指标。关键指标设计是要让工作人员明白工作任务内容、工作任务要求、工作流程要点、工作绩效标准关键含义。

【关键指标提示】关键指标能衡量与评价个人与组织的贡献；关键绩效指标能衡量与量化员工工作绩效；职位绩效指标能衡量与评价职位对战略的贡献。现场管理导入关键指标的目的是把握与战略目标相联系的业绩指标！现场管理导入关键指标不但能让员工明白如何做，而且明白如何被衡量！

3.关键时刻例行把握

时间管理既强调资源管理，又强调自我管理，更强调关键时刻管理！关于关键时刻修炼您要掌握关键时刻描述、关键时刻管理。

关键时刻描述

什么是关键时刻？一线员工在短短的15秒钟内，就决定了整个公司在顾客心中的印象。难怪詹·卡尔森称这15秒钟为“关键时刻(moments of truth)”。当顾客光临餐饮企业时，往往在最初的几秒钟或几分钟就决定了顾客对餐饮企业印象，这几分钟甚至几十秒，在管理领域就称为关键时刻。

关键时刻把握

服务人员每次与顾客接触都是一个关键时刻，餐饮企业一天中一名服务人员至少要接待十名以上的顾客，每位顾客至少有两次关键时刻，那么一名服务人员一天至少有二十次关键时刻，一年中高达近七千次，关键时刻决定了企业的成败！这就是关键时刻把握与关键时刻管理的价值之所在。

关键时刻管理

当顾客开车驶入停车场时是否有空车位？停车场的停车指示系统清晰吗？停车场地面整洁吗？停车场是否有安保人员？……这一切都是潜在的关键时刻，甚至在你还没有机会向顾客展示自身核心专长时，这些就已经发生了。如果餐饮企业忽视对这些关键时刻要素管理，就会在不知中失去顾客。

【关键时刻提示】餐饮企业服务现场管理的关键时刻是指处理顾客抱怨的时刻。当顾客不满意菜肴或服务时，他可以说出来，也可以一走了之，如果顾客拂袖而去，餐饮企业会失去消除顾客不满的机会。顾客抱怨时如果给餐饮企业弥补机会，企业处理得又恰到好处，他们极有可能下次还会光顾。

4. 关键事件理性掌控

关键事件管理方法认定员工与职务有关的行为，并选择其中最重要、最关键的行为评价结果。关键事件管理方法您需要认真研修：

关键事件由来

关键事件法是由 J.C.Flannagan 在 1954 年发展成型的管理方法，主要内容包括：认定员工与职务有关的行为，并选择其中最重要、最关键的行为来评价结果。关键事件法的运用，考虑到了职务本身动态与静态特点。

关键事件内容

关键事件内容包括：导致事件发生的原因与背景，员工特别有效或多余行为，关键行为导致的稳定后果等内容。关键事件选择包括问题背景、工作目标、工作行为、工作结果四要素。关键事件是与绩效有关的事件，要区分有效绩效和无效绩效；关键事件包含若干工作胜任力单元，能诱发胜任力 。

关键事件选择

选取关键事件，要选择高品质的事件评价要素。事件评价要素指根据关键事件特点选取顾客导向与绩效导向两种管理型价值观；选取组织协调能力、管理决策能力、执行推进能力、人际关系能力四种管理力，为测验与评价要素。每个关键事件在确定主测要素和辅测要素后，还要确定测试要点。

【关键事件提示】现场管理导入关键事件可用来进行职务行为评价（有职务说明设计仍会出现不职业行为，因而评价管理人的职务行为既必要又需要）、人才晋升评价（关键事件评价不但能用在人才鉴别、人才评价、人才升迁考核方面，而且能用在测试员工忠诚、管理人忠诚、经理人忠诚方面）。

■ 5项任务内容诠释

任务是指分派工作内容与承担工作责任。现场管理5项任务是服务营运现场管理的关键！所谓关键，是指虽然我们将餐饮企业服务营运现场管理浓缩为5项任务，但是5项任务却承载了服务现场管理的关键内涵。

5项任务既是方法又是工具！作为方法5项任务是重点主义的方法论，作为工具5项任务的着力点就是工具论。作为对5项任务诠释，我们既描述从丰田现场管理模式的借鉴，又阐述每项任务支持系统与着力点。

1. 现场营业走势控制

营业走势控制是5项任务之首！营业走势控制的重要作用，相当于丰田现场管理的准时生产模式（JIT）。现场是一切经济活动的发生地，现场管理就是强调现实的、现场的、现境的、现况的真实管理。当然，若没有准时生产模式的支持，现场（市前、市中、市后）管理活动将呈现无序状态。

营业走势控制事关营运现场秩序，营业走势如同一条曲线与一条直线的差别。当营业走势呈曲线时，表明波动大造成营运现场管理不平衡；当营业走势呈直线时，表明没有大波动，营运现场管理有秩序按计划推进。

营业走势控制包括饭市高峰前、饭市高峰期、饭市高峰后三个阶段控制！三个阶段营业走势控制构成了服务营运过程控制。营业走势控制的实质，旨在实现经营平衡与均衡控制。在具体实施层面有四大着力点：

营业走势控制的着力点		
	服务现场跟进控制	对营运现场实施过程控制
	服务现场人手控制	对现场人力资源配置管理
	服务现场任务控制	对营运现场关键任务控制
	服务现场时点控制	对营运现场关键时刻控制

2. 现场工作设计督导

工作设计督导是5项任务之二！工作设计督导的重要作用相当于丰田现场管理工作链条管理。因为工作设计是服务营运现场管理的前提和基础，如果没有工作设计，现场管理一切活动都无法正常进行。所谓工作设计是指服务设计与提供、厨务设计与提供、服务与厨务链接设计与提供整体方案。

服务营运现场，既要运用工作设计开展工作，因为工作设计水平与现场执行能力有很大关系；又要发现工作设计存在的问题，以改进工作设计，即用实务指导实践，再从实践回到实务，这是完善工作设计的关键！

工作设计督导包括行为控制、过程控制、结果控制三大内容。这三大内容构成了工作设计督导的主要内容。工作设计督导的实质就是设计行为、控制过程、把握结果。工作设计督导，在实施层面包括四大着力点：

工作设计督导四大着力点：	
营运时间顺序管理	对营运现场时间顺序控制
岗位作业标准管理	对营运现场岗位作业督导
三大功能动线管理	对营运现场三大动线管理
服务训练诊断管理	对营运现场训练诊断管理

3. 现场服务品质控制

服务品质控制是5项任务之三！服务品质控制重要作用相当于丰田现场管理的质量监控体系。虽然餐饮企业品质管理包括服务品质与厨务品质两大链条，但品质实现却是全方位概念，需要现场各项工作通力配合。

品质是餐饮企业的生命，品控既由营运现场管理活动来实现，又由现场管理活动来保障。餐饮企业现场品控有两大链条，即服务品质控制和厨务品质控制，两大品控内容是通过服务功能团队和厨务功能团队实现的。因而，导入功能团队是品控管理的关键，即向流程要品质，而不是向结果要品质。

品质控制既包括服务品质控制，又包括厨务品质控制，还包括两者之间连接控制。以服务品质控制为例，不但设计到三种增值模式的实现，而且设计到顾客的满意程度。服务品质控制在实施层面包括四大着力点：

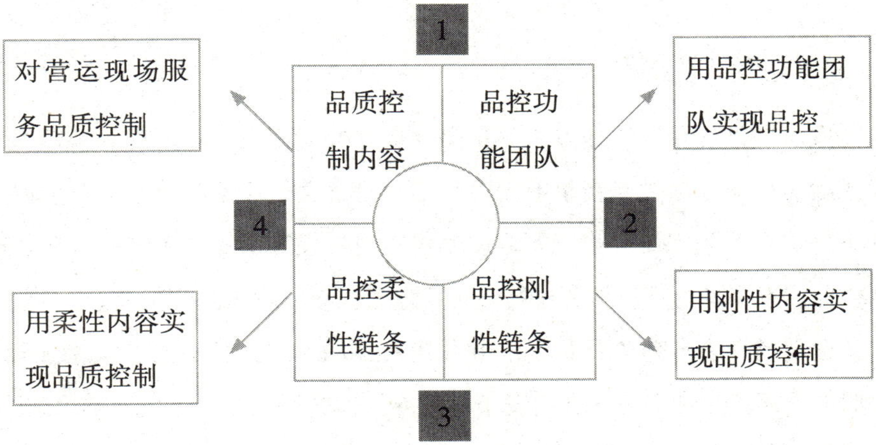

4. 现场清洁安全控制

清洁安全控制是5项任务之四！清洁安全控制的重要作用相当于丰田现场管理的5S模式。清洁水平是餐饮企业重要的环境指标，环境是餐饮企业赢得优势的三大法宝之一。安全问题之所以成为服务营运现场管理的重要内容，是因为安全无小事，任何不安全小事都会造成经济损失，都是头等大事。

清洁与安全有密切联系，很多安全问题来自于清洁问题，清洁既是打造环境的关键，又是提供安全的保障。做好清洁与安全工作前提是清洁理念和安全理念设计，现场管理就是要设计、强化、实施清洁与安全理念。

清洁水平控制是通过制定与实施每日清洁计划与定期清洁计划而实现的。安全问题控制是通过安全措施设计与现场巡查控制而实现的。餐饮企业服务营运现场管理的清洁与安全控制，在实施层面包括四大着力点：

5. 现场突发事件处理

突发事件处理是5项任务之五！突发事件处理相当于丰田现场管理的5步故障排除法。突发事件是指事前无法预知，对餐饮企业正常经营会产生重大影响的事件。在营运现场，管理人除按流程实施常规管理外，还要应对与处理突发事件。突发事件处理应按程序与分工，使餐饮企业损失降到最小。

营运现场有诸多突发因素，如：彬彬有礼的顾客，会因“酒过三巡”彼此争论，或对服务不满产生冲突……在突发事件面前，即使是专业人员也会有片刻茫然，这是人的本能使然，更何况是神经处于高度紧张状态下的现场人员呢？突发事件应对是刻不容缓的事情，要及时处理才能转危为安。

客观地讲，突发事件是餐饮企业正常营运所回避不了的事情与事件，关键是要做好事前准备，培养应对突发事件的能力，实现转危为安，这才是解决问题的根本。突发事件处理在实施层面包括八大着力点：

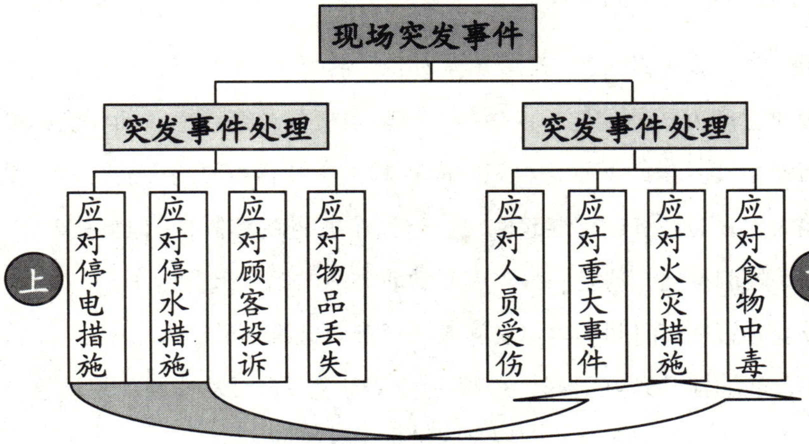

■ 5项任务实现模式

服务现场管理 5 项任务在实现层面是以时间为坐标、以流程为主线、以任务为核心、以管理为重点、以顾客为根本的实现模式。为何要设计实现模式？因为现场管理模式设计是为了实施，要实施就要设计实现模式，既为实施提供方法，又能使实施平稳着陆。服务现场管理 5 项任务实现模式图示：

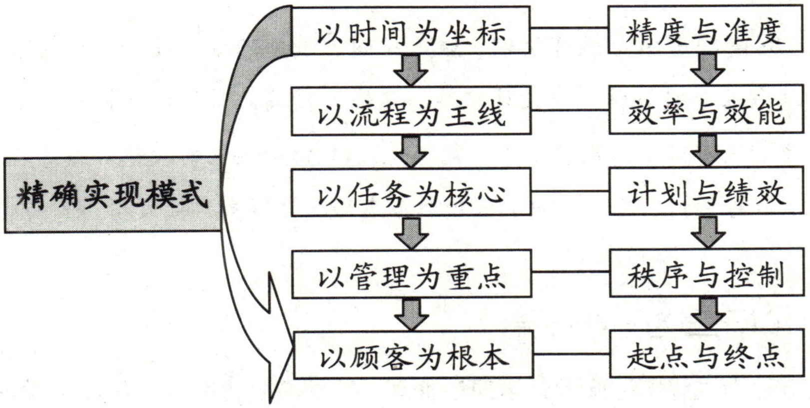

1. 以时间为坐标概要

丰田生产方式（TPS）在我国又称为准时生产制（JIT）。准时生产制是以时间为坐标对生产方式的控制！包括第一时间当接到顾客订单时的动作，第二时间准时启动生产要素的配置，第三时间及时生产顾客需要的产品。这一系列以经济时间为主线对经济运行继起性、同步性、叠加性的控制，不但挑战着零库存，而且诠释着控制准度，这是一种难度系数非常高的动作组合运作。

服务现场管理以时间为坐标实施5项任务有五重含义：

其一，除非能管理好时间，否则一切现场管理都无从谈起，现场管理工作应以时间为主线，按时间开始、按时间推进、受时间约束。

其二，以时间为坐标约束现场管理5项任务能实现定量管理，定量管理是指加了经济时间衡量要素，使经济活动告别模糊走向精确。

其三，以时间为坐标约束现场管理5项任务能实现协同管理，协同管理不但包括服务体系管理协同，而且包括与厨务体系管理协同。

其四，以时间为坐标约束现场管理5项任务能实现自我管理，自我管理是指管理人的时间管理，即在约定时间完成约定的规定动作。

其五，以时间为坐标约束现场管理5项任务能衡量工作效率，工作效率设计受时间约束，讲究效率就是在规定时间要完成规定动作。

【时间管理提示】服务经理、服务副理、服务领班、服务人员在服务现场实施管理作业与服务作业应设计理性、严谨、精确的时间衡量尺度。由于服务营运现场管理有诸多不确定因素，笔者建议以30分钟为时段设计服务经理、服务副理、服务领班、服务人员的管理作业表格，即服务作业表格。

2. 以流程为主线概要

以流程为主线实施服务营运现场管理，能够有效提升时间精度、质量精度、管理精度，实现复杂问题简单化、简单问题流程化、流程问题稳定化、稳定问题持续化的转化。稳定化是创造一致性的基础，以便去除不规则、不一致的活动，一个稳定的流程，应具备能够应付现场变化的弹性与能力。

流程是现场管理的主线，流程对现场管理的要求是“一切作业活动都应按流程有秩序地开展，以实现管理活动与作业活动的同步与协调，否则连基本的现场营运秩序都无法保证，更不要谈现场管理了”。现场管理以流程为主线是因为流程产生效率、流程产生效益、流程承载标准、流程产生品质、流程产生稳定，服务营运现场流程包括顾客流程、工作流程、管理流程三大流程。

【流程管理提示】顾客流程是工作流程设计、管理流程设计的前提和基础，因为现场管理的一切活动都是以顾客为根本展开的！当然，以流程为主线，不但要设计好顾客流程、工作流程、管理流程，而且要以时间为主线，使三个流程运行能高度和谐统一，才能实现效率、效能、满意的最大化。

【顾客流程图示】

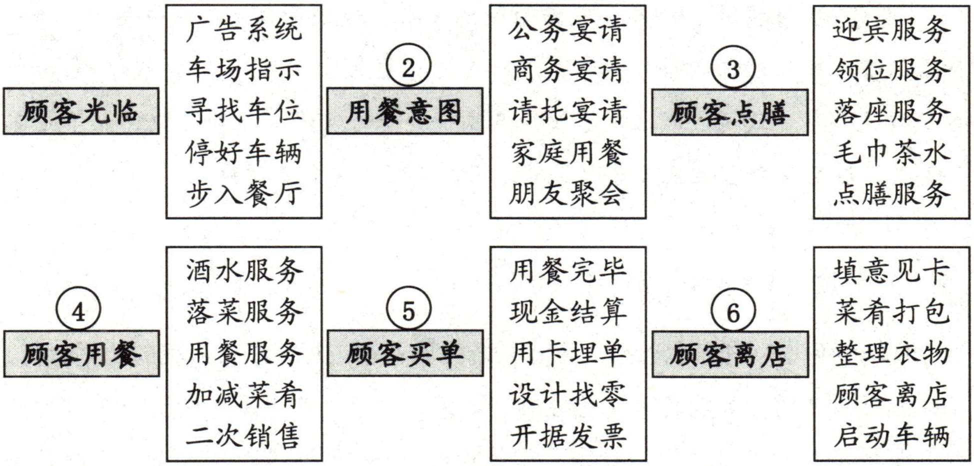

3. 以任务为核心概要

任务是指管理活动或作业活动要达到既定目标所设计的工作内容要素集合。所谓工作内容要素是指构成管理工作任务具体事项的内容、流程、要求，以及构成工作任务具体事项的内容、流程、要求的集合体。

任务与计划是包容关系，即计划包含着任务。计划是指为实现既定目标而制定的未来行动方案，是用数据加文字说明所构成的书面文件，是企业在计划期内要达到的目标。计划设计要解决计划目标的六个问题：为什么要做？应该做什么？应由谁去做？在什么地方做？什么时候做？应怎样来做？

任务与绩效是因果关系，即任务是因绩效是果。绩效是指成绩和效果，绩效取得是任务完成的结果，通过绩效管理可以反馈、评价、控制任务完成情况。绩效管理是指基于组织目标，通过绩效计划、绩效实施、绩效评估、绩效反馈，确保每个成员用正确方法做正确的事，并取得组织期望的绩效。

任务量化步骤包括：制作任务清单（列出岗位所有工作任务，将工作任务排列成一目了然的清单）；工作任务归类（按工作任务清单对任务进行经常性、突发性、潜在性归档）；提取工作条列（按经常性、突发性、潜在性任务归类排定工作任务先后顺序）；对工作的描述（对岗位工作说明，形成岗位工作要求内容）；加入岗位职责（在形成岗位要求基础上，加上职责描述构成说明内容）。

【任务管理提示】任务是现场管理的核心，现场管理有5项任务，5项任务囊括了现场管理工作任务内容，这也是重点主义管理要求。以5项任务为核心实施服务营运现场管理，要求围绕5项任务做好重点管理与控制，而不是面面俱到，这既符合重点主义管理要求，又符合实用主义管理要求。

4. 以管理为重点概要

现场管理5项任务以管理为重点，既强调顾客流程、工作流程的协调运行，又强调导入5项任务使管理流程控制、约束、规范工作流程。所谓以管理为重点主要强调时间管理、计划管理、作业管理、绩效管理等组合管理。5项任务内容是管理人员应该实践的决战在市场与决胜在现场的管理设计。

时间管理强调以时间为单位对工作任务设计做量化规定，强调管理人员自我管理与自我约束，强调服务管理、厨务管理、行政管理同步运行。时间管理既是重要管理工具，又是服务资源管理，还是具体管理尺度。

计划管理是指强调预见问题、发现问题、解决问题，将问题变成机会的前瞻性、系统性、大局观管理！计划管理导入旨在实现以不发生问题为追求，以发现问题能够及时补救为重点，以发生问题能及时处理为目的。

作业管理是指以顾客为核心，通过服务作业提供零缺陷的服务，实现顾客100%满意的目标。导入服务作业管理，既要管理服务岗位的服务内容、服务流程、服务标准，又要管理不同工作岗位的链接、支持、协作。

绩效管理导入是用绩效管理衡量与评价现场管理。当然，绩效管理导入要运用绩效计划、绩效实施、绩效评价、绩效反馈四大要素所形成的良性循环管理工具。绩效管理能客观评价服务营运现场管理成绩与效果。

5. 以顾客为根本概要

顾客满意是现场管理的根本。餐饮企业的一切工作设计都是为了顾客满意，如果不能让顾客满意，企业所做的一切努力都没有意义。因而以顾客为根本的5项任务要求是：现场工作最终是以顾客满意为衡量标准！

当我们要定义服务现场管理的终极目的时，应回到服务现场管理五项任务的原点来搜寻初始象限的动机与目的设计！显然，以时间为坐标、以流程为主线、以任务为核心、以管理为重点都是为了能够让顾客满意！

为什么要让顾客满意？让我们再一次分享回头顾客、忠实顾客、最佳顾客概念内涵设计，感受让顾客满意的价值创造、价值实现与价值增值。回头顾客是指第二次购买餐饮企业产品服务的人；忠实顾客是指若不受到伤害会持续惠顾企业的人；最佳顾客是指既持续惠顾企业，又让朋友惠顾的人。

顾客满意是非常难的事情，因为顾客是动态的，现实生活对顾客充满了诱惑，顾客有理由不回头、不忠实、不最佳；因为顾客是善变的，顾客是有视觉疲劳、味觉疲劳、感觉疲劳的；因为顾客是感性的，顾客有理由以感性经验、感性经历、感性体验来评价餐饮企业服务、出品、环境综合品质。

【顾客满意提示】餐饮企业的战略、策略、计划设计都是为了顾客满意；餐饮企业服务内容、流程、标准设计也是为了顾客满意；现场管理5项任务设计还是为了顾客满意！顾客满意是餐饮企业服务营运管理的初始象限和终极象限，因而顾客满意是现场管理的最终目的。这是现场管理价值诠释。

第四章

现场管理热身
——要素·要求·体系

现场管理内容繁多、错综复杂，如何推进现场管理工作？餐饮企业一般是将现场管理推给一线管理人，虽然也设计现场管理内容、流程、要求，但实际效果并不理想。原因是没有专业设计、专业训练、专业评价。

现场管理导入是一项系统工程，在操作层面，要明确现场管理要素与要求，在此基础上搭建管理框架，即服务体系要有组织架构设计，管理人员有明确分工与协作，在管理框架下用管理体系设计实施现场管理。

■ 服务现场管理要素

现场管理要抓住关键要素。现场管理要素既是现场管理前提，又是现场管理基础。虽然现场管理复杂，但还是围绕关键要素展开的！现场管理有人、机、物、法、境五要素。其中，人作为创造者是其他要素的支配者。

1. 现场管理人员要素

【关键词】人员效率、人员效能、岗位适应

人员要素是指营运现场作业人员要素。与现场管理其他要素相比，人员管理最为重要，因为现场一切工作推进是通过人来实现的，人员一举一动直接影响现场工作品质。对人员要素管理要抓效率与效能两个方面。

人员效率设计应掌握：效率是指单位时间完成的工作数量，现场管理人员效率体现在人员配置与人员合作上。人员配置属于组织设计问题，是决定人员效率的关键。人浮于事或人手不足都会影响工作效率；人员合作对效率有很大影响，人员配合默契效率就高。理想状况是人尽其才、才尽其用。

人员效能设计应把握以下内容，即有了人员效率不等于有了人员效能。对服务现场管理作业设计来讲，人员效率是工作数量的保证，人员效能是工作品质的保证。效能是指功效与作用。服务现场管理关于人员效能设计包括两个方面：一是工作人员现场水平发挥，二是工作人员的岗位适应性。

人员发挥水平影响应把握以下内容，即人员在现场状态会影响个人真实能力发挥。人员行为受人员心理因素支配，作为服务产品与厨务出品载体的人，心理活动直接决定行为表现。员工生病、家中有事、生理周期……都会影响心情与情绪。因而，管理人应对工作人员的心理状态有衡量和把握。

人员岗位适应影响应掌握以下内容，即员工与岗位适应是动态的。昨天还

做得很好，今天却对工作力不从心，这包括身体和技能两个方面。身体影响是暂时的，现场管理人员通过合理岗位调配能够有效地解决；技能方面适应较复杂，与人员技能熟练程度和设备更新有关，需要通过训练提升实现。

2. 现场管理机器要素

【关键词】机器使用、机器安全、机器故障、故障补救

机器要素是指服务营运现场设备的使用与管理。运用设备进行现场管理会加快效率与提升品质，如：收银机的使用既能提高收银工作效率，又能避免工作人员舞弊；对讲机的使用既方便作业，又能提升现场沟通速率；点膳机的使用既能提升工作速率，又能提升工作的准确性，对机器管理着重设备稳定运行，因而，涉及使用问题、安全问题、故障问题、作弊问题、补救问题。

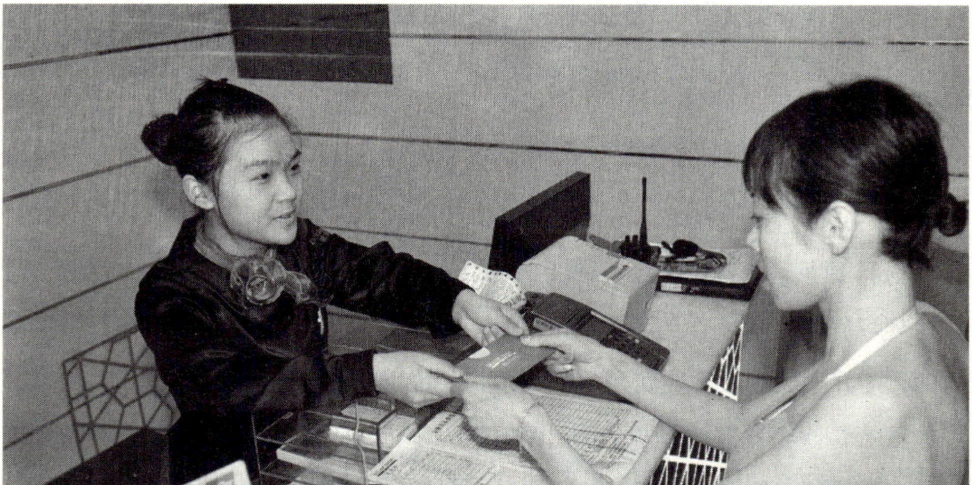

设备使用以收银机使用为例，收银机使用应有专门的人、使用专门设备、接受专门训练。收银人员应按照使用说明与操作规范作业才能确保收银工作的持续运行，否则会出现诸多问题。服务营运现场管理人员应督导工作人员，按

设备使用说明和操作规范作业，以确保收银人员能够把事情做正确。

关于设备安全,设备维护与保养是确保现场管理工作正常运行的基础,设想：服务营运现场照明设备突然失控，不但会影响服务现场工作品质，而且会造成服务现场不安全问题的发生。管理人员在市前应对设备做检巡，以确保设备处于良好运行状态，一旦设备失控应立即启动应急方案转危为安。

设备故障规避，掌握设备正常使用、维护保养、使用训练是回避设备故障的前提，在服务营运现场设备出现故障可导入丰田现场管理五步故障排除法。五步故障排除法是针对所发生的问题连续问五个为什么，直到找到问题的原因为止，针对原因及时解决问题，并制定措施防止问题再度发生。

设备故障补救是服务营运现场设备出现故障的危机防范与应对措施，一旦服务营运现场出现设备故障，应立即启动设备故障应对方案。以服务营运现场收银设备出现故障为例,应立即启动手工操作方案,以保障收银工作的正常运转。当然，要做到这一点需要做到事前有措施、有准备、有训练。

3. 现场管理物品要素

【关键词】物品消耗、物品浪费、物品控制

物品要素是指营运现场所使用的物品和用品。物品和用品属物力资源，对营运现场管理有重要作用。对物品和用品要素管理要抓住成本控制与费用控制这两大工具，因为成本与费用水平关系到餐饮企业获利能力。

虽然餐饮企业有成本与费用计划，但成本与费用控制的关键在于现场管理对计划的执行。服务营运现场浪费严重、物品使用控制不严、能源消耗没有约束，这样的成本与费用控制是不到位的！因而，管理人员要严格从成本控制与费用控制角度进行物品要素管理，避免浪费、避免低效、避免无序。

物品要素控制应导入丰田精细生产方式，以杜绝任何形式的浪费。丰田生产方式把业务过程中消耗资源而不增值活动叫浪费。丰田要求每个员工在每项作业环节，都要重复问为什么（Why），然后想如何做（How），即5W1H。为了发现并杜绝浪费，丰田公司信奉“毛巾干了还要挤”的彻底合理化精神。

服务营运现场物品要素控制主要包括：包装物品消耗、纸巾用品消耗、餐具坏损消耗、清洁物品消耗、口布洗涤消耗等物品用品消耗；过早室外灯光、过量室内灯光、过高室内空间、过量空调使用、过量使用地毯等营运能源消耗。为此，服务营运现场物品管理，应设计措施以控制物品要素消耗。

对于物品消耗既要建立理性制度与规范，又要现场监督指导，还要运用数字衡量；对于营运能源消耗要设计控制制度，要有专门责任人，要有具体考核指标。无论物品消耗还是能源消耗，都构成服务营运费用，费用水平高直接蚕食企业获利能力，因而服务营运现场要加大对物品要素有效控制。

4. 现场管理法规要素

【关键词】法规规则、法规绩效

法规要素是指营运现场工作方法与工作制度。没有规矩不成方圆，没有工作制度、缺少工作方法，现场管理无法衡量。虽然法规要素是管理的软要素，但却是保障现场管理水平与绩效实现的关键。法规要素包括法规规则和法规绩效。

法规规则是指服务内容、服务流程、服务标准设计，服务营运现场法规规则强调对法规规则执行力度，只有按设计规则与标准作业，才能保证工作品质与工作秩序。当然，管理人员的现场督导与训练是必不可少的！

法规绩效不但体现在规范的执行上，而且体现在法规执行绩效上。法是硬性的规定，但如果不懂得变通教条式地恪守是无法适应现场管理需要的。众所周知，服务内容、服务流程、服务标准是具象的，但顾客是有个性和差异的，因而从绩效角度对法规规则适当变通，是做好现场管理工作的关键。

餐饮企业导入服务现场管理应设计服务模式，包括零点、包房、宴会服务模式，以及不同模式的服务内容、服务流程、服务标准，这是服务现场管理实施的前提与基础。但遗憾的是，诸多餐饮企业服务模式是经验型模式，更没有服务培训体系、服务培训团队、服务培训教案，随着服务人员的不断流失，新员工在老员工示范下仓促上岗，使服务水平越来越打折扣！这是服务经理在服务现场容易发现的问题，当然，发现问题的目的是解决问题，以提升服务水平。

5. 现场管理环境要素

【关键词】环境清洁、环境安全

环境要素是指营运现场的营运环境。对营运环境人们会有宽频的理解，从餐饮企业文化、组织、制度设计，到音乐、广告、家私设计，再到装修、装饰、摆件设计，都是塑造营运环境的要素设计。营运现场环境要素管理，强调对服务营运现场环境的维护与保养，体现在现场清洁与安全两个方面。

环境清洁是环境品质重要指标，桌面有杂物、地面有污渍、窗户不洁净、墙角有残垢、植物有灰尘、音乐超分贝、家私有蟑螂、洗手间有异味，这些环境问题会影响顾客就餐感受。营运现场管理环境清洁是根据每日清洁计划、定期清洁计划实现的。管理人员对清洁督导是现场管理的重要内容。

环境安全问题是环境品质的关键指标，秩序混乱、地面湿滑、家私粗糙、警示不明等是营运现场安全的威胁。安全是一种意识，更多要体现在防范上，正所谓安全无小事！营运现场环境安全是通过安全计划设计、安全措施设计来实现的。管理人员对安全检查是营运现场管理工作的重要内容。

餐饮企业对清洁与安全管理可借鉴丰田公司现场管理 5S 模式和安全管理模式。5S 管理是通过整理（SEIRI）、整顿（SEITON）、清扫（SEISO）、清洁（SEIKETSU）、修养（SHITSUKE）5 项内容实现着现场管理秩序；安全管理是通过保持生产与环境和谐，导入国际与行业认证确保产品安全实现的。

服务现场管理要求

服务营运现场管理是管理人员的工作行为，不是管理人员的个人行为。当管理人员看到工作人员行为越轨时既要技术又要艺术地管理；不能按自己的意志、自己的喜好、自己的风格行事；不能因为你是管理人员就发号施令。

作为管理人员，不能不顾大局而只抓细节。现场管理有现场管理的规则，每个管理人员都有各自职守，现场管理活动执行 5 项任务是在一定规则下进行的！理解服务营运现场管理规则对于管理人员执掌现场管理很关键。

1. 服务现场“五按”要求

【关键词】按时间、按流程、按动线、按标准、按指令

“五按”是指按时间、按流程、按动线、按标准、按指令，是管理人员实施营运现场管理的工作原则。按“五按”要求设计当班计划，旨在实现服务营运现场管理的理性作业。只有这样设计营运现场管理作业才能实现工作岗位、工作团队、管理职位、管理团队之间的协同行为，而不是个人行为。

- 按时间要求：按既定的工作时段、工作时间实施管理。
- 按流程要求：按既定的工作流程、管理流程实施管理。
- 按动线要求：按既定的工作动线、管理动线实施管理。
- 按标准要求：按既定的工作标准、管理要求实施管理。
- 按指令要求：按既定的任务分派、管理分工实施管理。

模拟操作 1：作为服务经理,根据“五按”要求你如何设计自己的现场工作?

模拟操作 2：作为服务领班,根据“五按”要求你如何设计自己的现场工作?

服务管理团队要运用“五按”要求设计服务现场管理：①时间既是管理资源又是管理工具；②流程既能产生效率又承载着品质；③动线是管理团队的现场管理路线；④标准是管理团队的现场工作标准；⑤指令是管理团队职位设计命令链。分析五大要素，不难理清现场管理秩序。

2. 服务现场“五干”要求

【关键词】干什么、怎么干、何时干、如何干、何程度

“五干”是指在做事之前明确干什么、怎么干、何时干、如何干、何程度。“五干”是以人为中心的“五按”要求应用,是管理人实施营运现场管理的标准!管理人员掌握“五干”内容与要求，能把事情做正确。

管理人员在营运现场管理中的职责是不同的，因而每个管理人员的“五干”内容也不相同。管理人员应做好职责范围所规定的工作内容，超越范围领导、指挥、管理会扰乱现场管理秩序。为此，管理人员应清醒地认识到：

- 干什么：管理人员应清楚地知道自己的工作内容规定；
- 怎么干：管理人员应清楚地知道自己的工作程序规范；
- 何时干：管理人员应清楚地知道自己的工作时间要求；
- 如何干：管理人员应清楚地知道自己的工作方法要求；
- 何程度：管理人员应清楚地知道自己的工作标准要求。

模拟操作 1：作为服务经理，你应如何按“五干”要求工作？

模拟操作 2：作为服务领班，你应如何按“五干”要求工作？

服务管理团队运用“五干”要求实施现场管理是把事情做正确的关键，分析“五干”要求不难得出结论：一是干什么，是现场管理工作内容设计；二是怎么干，是现场管理工作方法设计；三是何时干，是现场管理工作时间设计；四是用何种方法干，是正确的方法设计；五是干到何种程度，是工作衡量设计。

3. 服务现场“五查”要求

【关键词】谁来查、何时查、查什么、何为据、谁落实

“五查”是指谁来查、何时查、查什么、何为据、谁落实。“五查”是以事为中心的“五按”要求应用，是管理人员实施营运现场管理的依据。牢记：“五查”实施有两条主线，前者从动线上保证，后者从标准上保证。

“五查”能够将服务营运现场管理工作划归到管理人员，可以使服务营运现场管理告别模糊走向精确。检查措施既能保证营运现场管理工作质量，又能使管理人员自我约束做好本职工作。“五查”在实施层面应注意：

- 谁来查：管理人员应清楚地知道检查的具体负责人员；
- 何时查：管理人员应清楚地知道检查的具体时间要求；
- 查什么：管理人员应清楚地知道检查执行的具体内容；
- 何为据：管理人员应清楚地知道检查应该依据的标准；
- 谁落实：管理人员应清楚地知道检查工作既定操作人。

【案例分析】肯德基贴在洗手间门后的清洁流程表能够将检查工作诠释到位，谁来查——值班经理，何时查——每半小时，查什么——洗手间的清洁要点，何为据——训练规定的要求，谁落实——清洁工作人员。

服务管理团队运用“五查”要求实施服务现场管理，是把事情做正确的关键。一是谁来查，是对服务管理团责任人的描述；二是何时查，是对服务管理团队时间的描述；三是查什么，是对服务管理团队工作的描述；四是哪种标准查，是对现场的检查标准定义；五是谁来落实查，是对服务经理的工作描述。

4. 如何运用现场要求

【关键词】“五按”要求、“五干”要求、“五查”要求

“五按”、“五干”、“五查”都是对经理人与管理人现场管理要求，但三者的侧重点不同：

- “五按”是经理人与管理人实施营运现场管理的工作方法
- “五干”是经理人与管理人实施营运现场管理的工作内容
- “五查”是经理人与管理人实施营运现场管理的作业要求

管理人员应掌握现场管理要求，所谓要求是指管理人的规定动作而不是自选动作设计。管理就是要建立一种秩序使工作变得简单，当然简单背后是不简单、简单背后有整套要求、简单背后是标准、简单背后是规范设计……

“五按”是指管理人员实施营运现场管理的工作方法。为此，要设计服务经理、服务副理、服务领班的工作模式和工作方法，既要讲服务体系内部和谐运行，又要讲究服务与厨务之间和谐运行，还要讲究服务、厨务、顾客之间和谐运行。设计工作模式和工作方法，旨在实现现场管理能衡量、能复制。

“五干”是指事前明确规定管理人员的工作内容。为此，要设计服务经理、服务副理、服务领班的工作规范与内容，使现场管理团队的工作内容不但有规范、规定、规则，而且能够相互连接形成现场管理的工作链条。工作链条的高效运行既能提升现场管理工作效率，又能提升现场管理的工作效益。

“五查”是指将督导内容划归到具体人。为此，要设计服务经理、服务副理、

服务领班的督导内容与督导要求，使现场管理做到位。所谓督导是指现场管理的监督与指导，“五查”要求设计为服务现场管理团队实施监督与指导夯实了前提和基础，使服务现场管理团队知道服务现场管理作业内容。

■服务现场管理架构

【苛希纳定律】如果实际管理人员比最佳人数管理人员多了2倍，工作时间就要多2倍，工作成本就要多4倍；如果实际管理人员比最佳人数管理人员多了3倍，工作时间就要多3倍，工作成本就要多6倍。

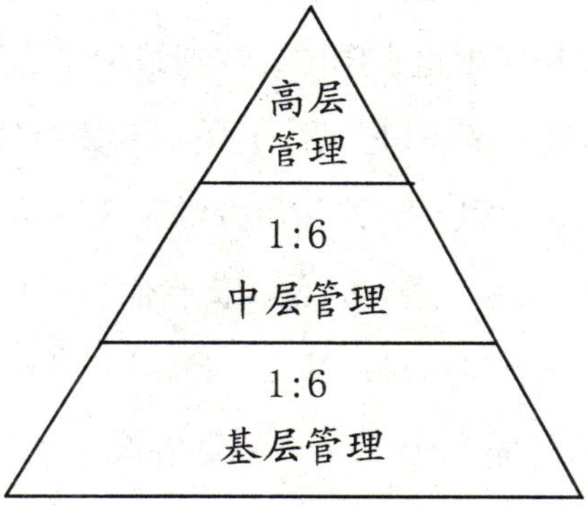

管理金字塔

营运现场管理不在于管理人员的数量，而在于管理组织设计是否合理。餐饮企业管理层一般分为经理、副理、领班三个层次。领班以上的管理人员称为管理团队，领班以下的人员称为工作团队。管理人员之间有效分工与协作构成营运现场管理框架。

现场管理框架是组织体系设计在营运现场管理的实现，现场管理不可能依靠某个人，卓越的现场管理是管理团队共同努力的结果。营运现场管理职务体系中的经理、副理、领班都要参与现场管理，并在分工、协作、层次、跨度设计的基础上实施现场管理。显然，现场管理框架能摆正各级管理人员在现场管理中的位置。

1. 服务经理人的位置

【关键词】前瞻性、大局观、连续性、稳定性

经理人是营运现场的最高管理人员。经理人的现场管理着重检查、控制、应对、评价、督导，即着重对前瞻性、大局观、连续性、稳定性的把握。当然，也包括现场效率提升、现场危机应对、现场自我管理等内容。

前瞻性是指经理人对未发生事件的把握。客观地讲，正在发生的事件要靠现场的应变能力与应对能力支持，已发生的事件只能给餐饮企业增加案例教学的内容，未发生的事件才能够使餐饮企业规避风险持续经营。基于这样的分析与判断，服务经理人前瞻性把握能力，就成为能力中的关键能力。

大局观是指经理人对大局管理应与餐饮企业组织设计相适应。实际工作中，往往会有偏爱专注细枝末节的经理人。经理人对现场管理的关键是把握整体营运！关于细节只要不对现场产生重大影响，应通过岗位上级处理，而不是亲力亲为。经理人恪守管理跨度不是一句空话，应在营运现场实施！

连续性本身有两层含义，其一，是指服务链条单次运行的连续性，即为顾客服务，服务体系六个工作站（迎宾领位、值台服务、传菜走菜、水吧服务、收银服务、清洁服务）单次有序运行；其二，是指服务链条反复运行的连续性，即为顾客翻台服务，服务体系六个工作站（迎宾领位、值台服务、传菜走菜、水吧服务、收银服务、清洁服务）第二次、第三次……持续有序运行。

稳定性是指在前瞻性、大局观、连续性把握的基础上，经理人与管理人员通过对关键时刻、关键指标、关键任务的把握，使服务链条能平稳运行所做的管理、跟进、控制工作。事实证明：福特公司、奔驰公司、丰田公司的成功既在于产品品质，更在于品质稳定。餐饮企业服务品控要实现品质稳定。

2. 服务副理层的位置

【关键词】职位备份、人才储备、竞争压力、弥补损失

服务副理位置设计有四层含义：

其一，服务经理职位备份，服务副理应修炼胜任服务经理职位的相关能力；	**其二，**管理团队人才储备，服务副理是餐饮企业连锁经营发展的战略需要；
其三，弥补服务经理流动，服务副理存在本身能弥补服务经理流失的损失；	**其四，**服务经理保持优秀，服务副理位置设计使服务经理能感受竞争压力。

服务副理在服务组织中的位置是服务经理的下级和助手，有着双重角色。当承担服务副理角色时（服务经理的下级），在营运现场管理着重于执行与实施，即完成服务经理交给的管理工作内容；当担任值班经理角色时（服务经理的助手），服务副理在服务营运现场是完成服务经理人的工作内容。

服务副理角色是指在组织体系设计中，服务副理虽然是经理的助手或副手，但也有独立分工的工作内容，即负责服务现场楼层管理、功能管理、协调管理。分工是一种有效的管理方式，服务营运现场管理也是如此。通过分工能使管理团队在分工协作的基础上实现服务营运现场管理的高效运行！

值班经理角色是培育服务副理成长的职位角色设计。服务副理在服务经理的指导下既能迅速成长，又能为胜任服务经理职位夯实基础。客观地讲，在服务副理的角色位置无论怎样感受也没有服务经理职位的真实体验！只有通过值班经理角色体验，才能够感受服务经理职位的视野、压力、责任。

副理职位价值可概括为三个方面：从企业来讲，储备了服务管理人才；从服务经理来讲，有了升迁机会；从服务副理来讲，得到了职位锻炼。服务经理不可能不休息、不请假、不学习，服务经理不可能不提升、不调动、不流动，为此应设计值班经理角色以弥补服务经理空缺，为企业储备人才！

3. 服务领班层的位置

【关键词】一线管理、中层管理、高层管理、实操比重

领班是服务现场管理的基层管理团队，就像人体的神经末稍那样从细节上把握现场作业。领班现场管理的重点是一线管理和实际操作。营运现场管理中的领班对上要完成经理和副理分派的任务，对下要跟催、督导、协助员工完成

岗位工作。同时他（她）还要与下属共同完成工作站的工作作业。

领班管理与实操比重相当，随着领班管理等级的升高，操作比重下降，管理比重加大。这说明现场管理，各级管理人员都有自己位置和管理重点，服务经理位置是高管阶层，管理重点是全面管理；服务副理位置是中管阶层，管理重点是执行协调；服务领班的位置是一线阶层，管理重点是管理实操。

管理工作内容

高管层次	服务管理
中间层次	执行协调
一线层次	管理实操

现场管理各层管理人员，既需要抽象思维又需要具象思维，既需要大局管理又需要局部管理，既包括具体管理又包括细节管理。管理人员要训练思维，养成从大局着手、中局把握、小事注重、细节推敲的思维方式。

4. 服务管理架构运行

【关键词】职位链条、流程链接、时间链条、信息链条

服务现场管理架构静态地描述了服务经理、服务副理、服务领班层级位置及工作要点。能让人们清醒地看到：在服务现场谁、做什么、为何做。但静态描述不能替代动态运行，因而要把握现场管理架构运行精要：

管理职位设计是服务组织现场管理运行保障，服务组织是由职位与岗位构成的分工协作体系。职务说明锁定了不同职位任职前提、工作依据、权力责任，既为组织运行提供了前提，又为关键事件评价夯实了基础。

管理流程承载着效率、承载着效能、承载着效益，因而服务组织不同职务管理流程设计与链接构成了服务营运现场管理流程运行。服务营运现场经理、副理、领班执行着相同任务，不同的是工作内容与工作重点。

及时高效原则要求服务营运现场管理以时间为主线，运用关键任务、关键指标、关键时刻、关键事件重点主义管理方法，对服务现场的潜在、现实、补救问题进行及时与高效管理，以预防、化解、补救工作为重点。

有效沟通原则要求服务现场管理团队应进行及时有效沟通，服务现场管理团队与厨务现场管理团队之间应及时有效地沟通；服务现场管理团队还要保持与店长的及时有效沟通，并接受来自店长的指示和指令。

【管理架构提示】服务管理架构运行是动态的，要实现动态平衡就要把握管理职位设计（职位链条）、管理流程链接（流程链接）、及时高效要求（时间链条）、有效沟通要则（信息链条）四大链条的有效链接。

服务现场管理体系

服务现场管理体系为服务运营现场管理提供了体系化支持。您的企业有服务运营现场管理体系化支持的现场管理作业吗？缺少现场管理体系设计，这是很多餐饮企业管理不到位，不能够取得理想绩效的要因！

1. 服务理念体系设计

【关键词】价值观、共同目标、共同愿景

理念体系是服务现场管理哲学的导入，要实现在理念的指导下、在制度的约束下，让人们自觉自愿工作的境界，需要理念体系支持。若没有为共同理念工作的工作团队与管理团队，服务现场管理苍白无力。

服务现场管理人员的工作热忱、工作人员的乐意态度、执行标准的专业程度、团队成员的默契配合……都建立在理念体系的基础上，因而，企业文化导入是必不可少的，这也说明经营的最高层次是企业文化管理。

某餐饮国际品牌企业大区经理这样评价服务理念的作用：在服务理念的指导下，在制度规范的约束下，在动力设计的驱动下……让服务人员能够自觉自愿地工作，这才是服务营运现场管理服务理念的作用与境界！

服务理念设计不是拍脑门式的创作，不是找人专门的编写，不是编一些标语口号……而是服务底蕴的沉淀、服务底蕴的提炼、服务底蕴的升华！服务理念是全体服务人员的共同认可与努力奉行的服务价值观念！

服务理念设计包括共同价值观、共同的目标、共同的愿景……等内容。其中：

共同价值观指趋同一致的核心观念！是指导思想的思想！价值观包括服务型、经营型、管理型的价值观，价值观约束人的行为。

共同目标不是个人目标，而是组织目标，共同目标决定了全体人员共同追求，因而能汇集个人、群体、组织力量形成整体结合力。

共同愿景是指由组织所设定的，全体人员企盼的，共同目标实现的那一幅激动人心的景象。共同愿景使组织成员产生共同期望。

2. 服务训练体系设计

【关键词】培训组织、培训计划、培训方式

训练体系是现场管理科学的导入，训练体系要确保受训人接受正确训练、正确做事。服务现场管理存在问题与错误是因缺乏训练体系造成的，餐饮企业应设计梯级训练体系，为现场管理提供科学支持。

训练体系设计参照步骤

内 容	要 求
培训组织	包括外部培训机构和内部培训组织。外部机构包括专业培训公司、大学课程培训、公司间的合作。一般来讲，规模较大的企业可以建立自己的培训组织，规模较小的企业可以求助于外部培训机构。
培训对象	包括高层管理人员培训、中层管理人员培训、基层工作人员培训。高层管理人员以战略、理念、素养为主；中层管理人员以执行、沟通、能力为主；基层工作人员要以注重技术、技能、工具为主。

培训方式	包括内部培训和外部培训两种培训方式。内部培训包括应岗培训、工作见习、工作指导、工作轮调等内容；外部培训是指在专门培训机构所接受的知识、经验、技能培训。二者相互补充，互为因果。
培训计划	培训计划包括：培训需求、培训目的、培训对象、培训时间、课程内容、师资安排、实施进度、培训经费等诸多内容。客观地讲，培训计划既是培训实施的前提，又是培训绩效考核的基础。
培训实施	培训实施应与培训考核相结合，才能收到理想的培训效果；培训实施应注重过程控制，才能收到理想的效果；培训计划执行应注重弹性原则和例外管理；培训活动应注意事前沟通，以塑造学习氛围。
培训评价	培训绩效评价既是对学习效果的检验，又是对培训工作的总结。绩效评价包括过程评价和事后评价。前者较重视培训活动本身的改善，后者则是人力资源部门与总部营运部门运营决策设计参考。

3. 服务管理体系设计

【关键词】分工协作、职业自律、职务评价

管理体系设计是实施服务营运现场管理支持系统设计，管理体系包括以效率为核心的分工协作管理体系（通过合理组织设计、分工协作设计、组织运行设计实现）设计；以自我管理为核心的职业自律管理体系（通过强化时间管理、强调职业自律、强调自我约束实现）设计；以关键事件为重点的职务评价管理体系（通过实施职务评价、导入晋升评价、考核职业忠诚实现的）设计。

中国餐饮企业管理体系设计的现状与问题是：以效率为核心的管理体系不健全，以自我约束为核心的管理体系是空白，以关键事件为重点的职务评价是缺憾。管理体系设计为管理体系运行提供了架构性的支持，管理体系三大要素构成相互支持互为因果，以效率为核心的管理体系是关键，以自我约束为核心的管理体系强调自我管理，以关键事件为重点的职务评价强调职业忠诚。

关于以效率为核心的管理体系运行（在本章服务现场管理架构中已详述）；关于以自我约束为核心的管理体系（着重从三个方面分析以自我管理为重点的职业自律体系，旨在打造管理体系的第二个支点）；关于以关键事件为重点的管理体系（着重从三个方面分析以职务评价为重点的职业忠诚体系，旨在打造管理体系的第三个支点）。客观地讲，管理体系所追求的是运行效率。

关于以自我管理为核心的管理体系包括：时间管理（既包括对时间资源管理，又包括自我时间管理）、职业自律（是指管理人员应懂得做职业的事，讲职业道德的内涵）、自我约束（是指管理人员懂得遵循职业操守，恪守职业自律）等内容。管理包括两项内容，即管理他人与自我管理，遗憾的是现实经济生活中大多数管理理论和管理专著都以管理他人为内容，鲜有管理自我的管理理论与管理专著，造成管理领域繁荣下的阴影！理论空缺必然导致实践的苍白！

关于以关键事件为重点的管理体系包括：职务评价（只有导入职务评价，才能够使职务说明设计落地实施）、晋升评价（导入职务晋升评价，能使管理人知道评价的份量与重要）、职业忠诚（导入职业忠诚评价，能使管理人员知道如何被评价）等内容。餐饮企业店铺运行现实是，有职务说明，没有职务行为评价，使职务说明书形同虚设；有职业升迁，缺少职业升迁评价，升迁者不知如何被期待；有职位设计，没有职业忠诚评价，管理人不知何谓职业操守。

4. 服务工具体系设计

【关键词】制度工具、表单工具、手册工具

餐饮企业应建立与完善店铺运行工具体系，使餐饮企业店铺营运有理性的工具箱支

持。工具体系设计包括制度、表单、手册三大类别，制度着重行为规范，表单着重运行规范，手册着重操作规范。三者不可或缺。

制度工具体系是对服务体系中人的行为约束与规范，当管理人员与工作人员都不觉得制度是对个人行为的束缚与约束时，实际上人们已经成为制度化的人！制度的质量在于实施，制度实施要相对稳定，制度不执行破坏力更大！制度工具设计包括：基本制度设计是每个人都应该遵守的约束，工作制度设计是不同工作站应遵守的约束，责任制度设计构成了服务体系的责任链条。

表单工具体系是流程管理的重要内容，任何餐饮企业店铺服务营运都包括：物品流、顾客流、服务流等三大显性流程；与显性流程相配套的是表格流、单据流、资金流等三大隐性流程支持。没有隐性流程的支持，就没有工作链条阶段运行和经手人责任确认。表格流设计是指伴随物品流、顾客流、服务流而产生的表格流；单据流的设计是指伴随物品流、顾客流、服务流而产生的单据流；资金流设计指物品流、顾客流、服务流、表格流、单据流运转的结果。

手册工具体系既是培训教案，又是工作指南，在餐饮企业管理团队管理不通、专业不精、流动频繁的今天，培训体系设计加上管理手册工具，既培育着管理团队的造血机制，又实现着管理水平、素养、文化的传承！

【案例分享】麦当劳有成型的管理训练体系，有完善的基础管理、专业管理、管理发展手册设计，有理性与成型的训练与升迁机制……这一切才使麦当劳运用管理训练体系和各类管理手册在90天（56个小时）的时间内能培养出领班级的人才；在500天（300个小时）的时间内能培养出店长级人才！

第五章

营业走势控制
——现场管理任务之Ⅰ

工业企业可以通过预测与计划实现现场生产管理的平衡，但是餐饮企业却很难做到这一点。你看过哪家餐饮企业从开市到收市营运现场有均匀的客流？餐饮业的特点决定了餐饮企业营运必须要面对营业走势问题。

营业走势控制贯穿于饭市高峰前、高峰期、高峰后整个营运过程，是由现场跟进控制、现场人手控制、现场任务控制、现场点位控制四项内容构成的管理控制体系。四项内容，每项内容都有操作方法与支持工具。

■ 服务现场跟进控制

诸多餐饮企业在营业高峰期，全员上阵仍忙于招架，秩序混乱，照顾这个顾客，疏忽那个顾客；在营业低谷期，人员散漫，怠慢顾客。因而，要通过营业走势控制解决服务营运均衡问题，实现服务营运效率与效益。

服务营运现场跟进控制管理是由把握实施进度、掌握执行情况、实施现场指导三部分内容构成的。其中，把握实施进度是指以时间为约束尺度对实施进度的整体把握；掌握执行情况是指在时间尺度约束下对工作品质的整体把握；实施现场指导是指管理团队对工作团队遇到问题时的支持与援手。

营运现场管理是按营业计划展开的。对连锁店铺来讲店铺营运计划是总部营业政策、竞争策略、营销方案实施到店铺的经营计划，以营业计划、菜品计划、促销计划、人员计划、费用计划、成本计划为核心，侧重以每周、每日为单位对营运部门制定的营运指标进行分解，并关注天气、节日、假日因素对营业的影响。一份成功的店铺营运计划可帮助连锁店铺实现营业指标设计。

运用店铺营运计划指导店铺营运工作，执行能力设计与训练非常关键，执行不当或不到位，不但会导致计划执行走样，而且会使计划执行打折扣。因而，要进行计划实施的跟进控制，以确保计划转化为任务的行动力。跟进控制水平直接影响计划实施水平，对此，应引起现场管理人员的高度重视。

1. 现场实施进度把握

现场实施进度把握是指以时间为尺度的控制，如果不能理性把握营运现场管理的实施进度，所有工作推进都会失去执行保障。营运现场管理要有严格的时间要求与次序要求，如果前一项工作没有在规定的时间内完成，不但会影响下一项工作的实施，而且会导致营运现场管理工作秩序的混乱。

现场实施进度把握是以时间管理为重点对现场工作秩序的控制。管理大师告诉人们，除非能够管理好时间，否则一切管理都无从谈起。诚然企业设计了服务内容、服务流程、服务标准，但设计的关键在于实施。值得注意的是，实施是在时间约束下实现的，因而要以时间为尺度衡量服务工作秩序。

现场工作秩序背后是对计划执行品质的把握。计划是重要的思维方式，计划是重要的工作方法，计划是重要的管理工具。计划管理在管理中占据重要的地位，因而营运现场管理无论服务工作还是管理工作都设计了计划。但计划的目的在于实施，这是餐饮企业普遍欠缺的概念。牢记：知道不如得道，得道不如做到，做到才有收效。

关于实施进度控制应把握以下三点（见下图）：

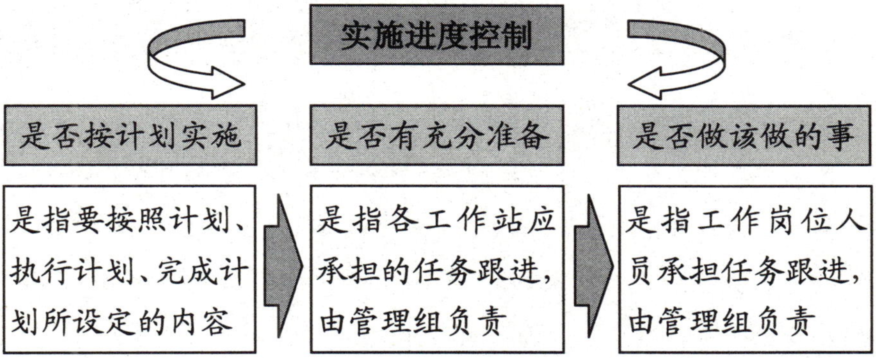

2. 现场执行情况掌握

服务营运现场执行是服务品质控制的关键，如果不能准确把握服务营运现场执行情况，即使执行时间没有问题，工作品质也会打折扣。丰田现场管理认为，精细生产必须强化现场管理。只有即时的、进行的现境、现场、现在才是优质产品诞生地。牢记：实施进度与执行情况是控制的两条主线。

把握服务营运现场运行实施进度包括：现场工作人员工作进度、工作团队的工作进度、工作动线运行进度等内容。只有把握服务营运现场实施进度，才能使工作人员之间、工作岗位之间、工作站之间能够实施同步作业、继起作业、

叠加作业，才能保持店铺服务营运链条运行的速度与效率。

服务营运现场实施进度不但影响着工作效率，而且影响着顾客满意。当我们退到服务概念的原点去考虑问题时，就会理解服务本身包含着时效性内容。以值台服务为例，无论是点菜服务，还是传菜服务，或是落菜服务，不但有时间限制约定（规则与潜规则），而且顾客对服务时间要求也很注重。

把握服务营运现场执行情况包括：是否执行工作任务分派？执行工作流程的情况？执行工作标准的情况？只有把握服务营运现场执行情况，才能实施现场教授、现场示范、现场补位，使服务链条能平稳运行，为顾客提供产品与服务。餐饮企业不少思路、不少策略、不少方法，少的是有效执行！

执行情况不但影响工作品质，而且影响执行水平，具体表现在：上个环节工作执行不到位所进行的服务弥补不但会增加工作负担，而且使下个环节工作内容不能正常开展！更严重的是，若执行偏差放大不及时修正会使工作偏离设计的轨道，这就是导致计划执行走样、打折、走偏的原因之所在。

高绩效的执行情况控制应把握以下三点（见下图）：

现场执行掌握

是否达到计划设计要求，根据计划，推进工作，达到要求

执行人员是否遇到问题，对执行偏差通过指导与修正改进

现场人员配置是否合理，现场工作人员配置与管理人员配置

3. 服务现场指导实施

服务现场指导的目的在于及时发现问题，及时解决问题，将问题变成机会，使店铺服务链条设计能够平稳运行。这需要经理人与管理人员不但能够发现问题，而且能够对服务营运过程存在的潜在问题进行现场指导。

发现问题能力是指服务经理、服务副理、服务领班在服务营运现场实施现场管理的能力。发现问题包括两个方面，其一，顾客用餐动线运行是否有问题，关键时刻实现是否连贯？其二，服务人员动线运行是否有问题，是否按照设计的内容、流程、标准执行？两个方面都是发现问题的评价尺度。

发现问题的目的在于及时解决问题，解决问题要根据问题等级顺序处理。

服务营运现场管理要解决的首要问题关系到顾客抱怨、顾客投诉、顾客不满；要解决的次要问题关系到出品速度、出品顺序、出品质量；要解决的一般问题关系到服务运行、服务中断、服务品质等，需要实施即时的应对措施。

服务营运现场发现问题包括现实问题与潜在问题，发现现实问题可根据处理问题的等级顺序做即时性的处理，发现潜在问题更要对服务管理团队与服务工作团队做预警、提示、告知、沟通处理。服务营运现场发现潜在问题的价值更大，因为服务营运现场管理的理想状态是以不发生问题为最佳。

服务现场遇到的问题按等级划分包括：一般问题、重要问题、关键问题、首要问题。经理人与管理人员处理问题顺序与原则见下图：

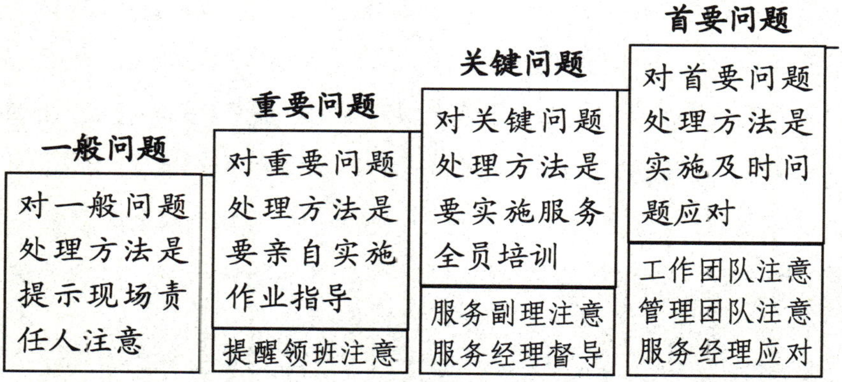

■ 服务现场人手控制

营运现场人手控制管理是由人手预算运用，即根据营业走势对人手数量与质量配置，人手调整运用，即根据营业走势对人手所做的具体安排，人手调配运用，即根据营业走势对人手所做的临时性安排内容构成的。

营业现场走势处于低谷时会出现人员闲置状况，从而造成人力成本浪费；

营业现场走势处于高峰时会出现人员不够降低服务水平状况。实际工作中，经理人负责体系总人手控制，管理人员负责工作站局部人手控制。

1. 现场人手预算运用

人手预算是服务营运现场管理工具内容，是服务管理团队应修炼的管理内容。使用人手预算要理解三个前提：其一，每日总体营业水平预估；其二，每个饭市营业状况分析；其三，现有工作人员综合分析。运用人手预算就是通过对上述内容理性分析使营业水平与人员配置达到比较理想的状态。

人手预算是根据营业走势预估所做的人手配置工作，人手配置不但包括人手数量配置，而且包括人手组合配置。要考虑到新员工与老员工的合理配置，不同性格与不同性别人员的合理配置，服务工作团队与服务管理团队的合理配置。显然，人手配置背后，是工时学、工效学、心理学具体运用。

人手预算是保证营业水平与人员配置平衡的工具，运用人手预算的目的是实现以最经济的人手配置完成预估的营业额。服务营运现场管理人手预算工具运用是通过排班设计而实现的，排班包括管理组班表和员工班表两个班表。两个班表排定是服务经理与服务副理应着力研修的人力管理内容。

人手预算工具运用要打破传统用工制度的束缚。最佳人手配置不但体现在班次的设计上，而且体现在用工制度的组合上，即使高峰期、低谷期都要有最适量的人手从事服务作业，特别是高峰期小时工的运用。有人也许会担心小时工的素质，但麦当劳、肯德基已经为业界提供了可资借鉴的经验。

【服务人员配置】根据工作内容划分为：零点人员配置、包房人员配置、宴会人员配置，要根据餐饮企业性质、等级、规模来确定。一般餐饮企业零点服务人员配置是指每人每餐负责 20 个餐位；包房服务人员配置是指每人每餐负责 10 个餐位；宴会服务人员的配置是指每人每餐要负责 20 个餐位。

【管理人员配置】服务营运现场管理人员和服务人员配置也应遵循一定比例。一线服务人员与管理人员配置比例按组织设计原理为 6:1。由于餐饮企业服务体系包括6个工作站，每个工作站至少要配置1名服务领班，因而在服务领班之上要配置服务经理和服务副理，中式正餐企业称部长或主任。

2. 现场人手调整运用

人手调整是根据现场营业走势所做的及时性人手安排。餐饮企业通过人手预算设计了人员班次，但这种人员配置方法不能够应对变动的营业走势。因为排班设计尽管也考虑了营业走势变化要素，但现场毕竟是无法完全预知的，还有预料以外的情况发生，这就需要根据现场走势来调整人手运用。

员工班次设计不但应考虑营业时间长度、营业水平预估、营业走势分析，而且应考虑人员数量配置、人员质量配置、人员组合配置，还要考虑一班制、两班制、三班制的不同班次设计。之所以强调不同班次设计，是因为既要考虑营业走势分析，又要考虑劳动时间长度，还要考虑顾客的实际需要。

高峰期的应对是指对服务营运现场高峰生意最繁忙时段的应对。高峰期间生意繁忙的应对要点是，所有工作团队成员与管理团队成员（服务领班、服务副理、服务经理）全部到现场应对。高峰期生意繁忙时段应对过后，服务经理、服务副理、服务领班逐步撤出，恢复管理人员负责的管理职能。

虽然员工班表设计在最大限度上考虑了高峰期的人员数量配置，但员工班次交接是在高峰期过后进行的，因而，一旦出现高峰期延长而又到班次交接时间时，会出现当班人员数量不足的现象。变通的方法是根据营运现场管理需要，让交班的员工继续在岗位上当班，这就是所谓高峰期人员调整。

虽然晚班员工应在××时间下班，但服务营运现场仍有顾客，需要延长营业时间，这时如果让当班员工全部留下来，既会增加人力成本，又会导致员工的不满。因而，要根据现场需要安排部分人员继续工作，部分人员按时下班，并对加班人员做存休、倒休、加薪处理，这就是所谓收市后的调整。

【案例分析：人手调整目的】是根据饭市营业走势对人员所做的工作安排。目的是保证饭市不同时段有充足人手配置，以保障服务营运现场有充足服务生产能力，为顾客提供高效的、优质的、及时的服务产品，使顾客有良好的生理、心理、综合感受，从而成为企业回头客、忠实顾客、最佳顾客。

3. 现场人手调配运用

人手调配是根据服务现场营业走势所做的临时性的人手安排，人手调配目的既要保证营运目标的实现（促销任务目标、饭市营业指标、顾客维系任务），又要保证正常营运的平稳过度。人手调配应本着精简、统一、效率、效果的原则，在调配与组合的基础上，设计、训练、管理好功能团队运作。

促销活动、宴会服务、顾客维系能够提升店铺总体营业水平，但特殊任务不属于均衡性的服务营运工作，毕竟餐饮企业促销活动不会天天有，餐饮企业经营也不会以宴会为主，顾客维系重要，但也是特定工作任务内容。为完成上述特定工作任务必须调配人手，启动功能团队以实现任务目标。

功能团队虽然不是正式组织，但却符合组织设计原则，因为功能团队能在实现服务营运目标的同时满足服务营运现场的平稳运行。所谓功能团队是指执行特定任务所组建的团队，功能团队有分工、有协作、有任务、有目标、有训练、有管理……不同的是完成特定任务后，在总结基础上成员回位。

当餐饮企业有促销任务、宴会任务、顾客维系等特定任务时，需要启动功能团队运行以完成特定任务。由于功能团队事先就有组织、有体系、有分工、有协作，所以在启动功能团队时，只要讲清本次活动具体任务目标和完成要点，就可以在功能团队负责人的指导下顺利运行，并完成特定任务。

【以宴会服务为例】由于中式餐饮企业大都以零点服务、包房服务为主，所以在接到婚宴、寿宴、拜师等宴会任务时，既要调整日常经营（压缩零点功能与区域），又要组建宴会团队（抽调人员组建功能团队）。宴会服务团队按要求完成宴会任务，在总结的基础上人员回到原位，恢复原有营业秩序。

【现场人手控制图示】

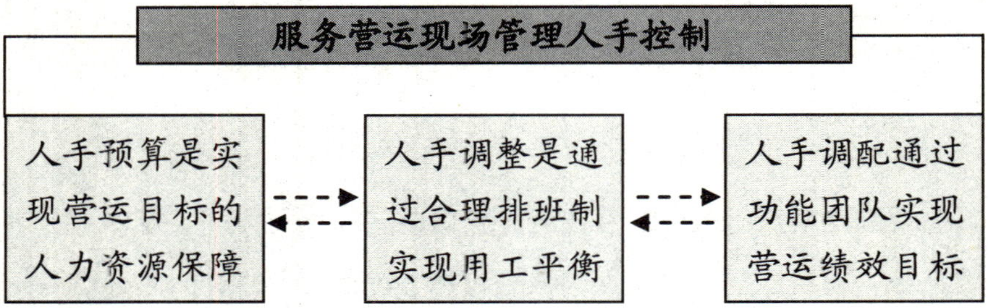

■ 服务现场任务控制

服务营运现场任务控制是由现场任务控制三性（任务的连续性、继起性、时效性控制）、现场任务控制重点（以时段为重点，工作站为单元控制）、现场任务控制路线（以服务链条运行流程与连接控制）所构成的。

服务营运现场管理，虽然有设计好的人手控制计划，但仍会出现“忙”时失控的现象，即使是训练有素的人员忙起来也难免会有“忙中出乱”！为什么会这样？一切都与现场工作任务的复杂性、交叉性有关，而这正是任务控制要解决的问题。现场任务控制应符合任务控制特性，并把握以下重点：

1. 现场任务控制三性

任务是指由工作计划分解的工作内容分派。任务既是独立的又是贯通的，任务的独立性是指由特定工作岗位、特定工作人员完成特定工作内容；任务的贯通性是指不同工作岗位、不同工作人员在特定时间内完成的工作内容链接，构成了工作任务族（工作任务族完成着服务营运现场任务）。任务控制着重对某个时段工作内容控制，任务控制有连续性、继起性、时效性三大特点。

任务的连续性是指服务营运现场管理工作任务不是孤立的，而是相互联系、相互链接、相互支持的，任务控制目的是把握任务的联系性、链接性、支持性三大要点。因为评价服务营运现场任务完成品质，既要求单项任务完成最优，又要求总体任务完成最优，这是任务连续性所追求的作业目标。

任务的继起性是指服务现场工作既有例行性工作，又有非例行性工作。任务控制的继起性是指要随时应对非计划性、非例行性的临时任务。对于例行性工作可以按照正常工作内容、流程、标准完成工作任务设计；对于非例行性工作则要求服务管理团队设定弹性的工作时间应对非例行性的任务。

任务的时效性是指服务营运现场管理一切工作设计都有时间限定与要求，必须在规定时间内完成，否则就会失去时效并产生负面影响。任务的时效性要求服务营运现场无论单项任务还是任务族，都要在规定的时间内完成，反之，任务链在经济时间或经济空间上会中断，从而产生间断点和遗漏点。

【任务控制图示】

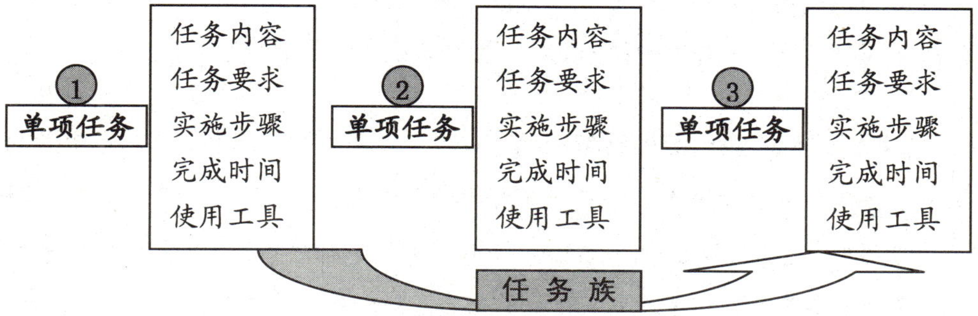

2. 现场任务控制重点

任务控制是以时段为重点，以工作站为单元所做的服务营运现场管理。现场管理工作内容繁多，同一时段不可能兼顾所有工作，所以实施任务重点控制就是要抓主要的、关键的工作点。任务控制有助于管理人员把握营业走势，使工作站能够平稳运行，不出现因失误或失控而影响整个工作站运行。

工作岗位是餐饮企业服务组织在分工与协作的基础上所设定的特定工作族设计，是工作站设计与服务组织设计的基础元素。所谓体系化管理就是将战略目标分解为工作计划，将工作计划分解为工作任务。所谓工作任务，是指分派到具体工作岗位与具体工作人员肩上，要承担的具体工作任务。

既然工作岗位是特定的工作族设计，那么工作站就是相同性质的工作族设计所构成的工作组团。工作岗位按照工作内容、工作流程、工作标准设计执行着工作任务。因而，工作岗位控制是指对工作站链条的一段或一节链条的控制。理解、认识、掌握工作站与工作岗位设计，能有效提升运行管控。

客情控制是指对客情峰值、正常、低谷不同时段所做的控制。餐饮企业服务营运现场管理有自身的特点，即饭市高峰期客源的集聚性与饭市高峰前、饭市高峰后客源的分散性。所谓客情控制任务就是根据客情峰值、正常、低谷不同时段特点所实施的工作内容、工作流程、工作标准设计与控制。

在服务营运处于低谷时，服务管理团队要加强顾客维系；在服务营运处于正常时，服务工作团队要提供定制服务；在服务营运处于高峰期，服务工作团队要确保服务速率。当然在服务营运高峰期还要把握：提高餐位的周转率；稳定等候顾客情绪；高峰期的预警准备，即补货准备与估清沟通。

【案例分析：麦当劳的客情控制】服务营运现场客情控制，麦当劳有独到之处。独到之处包括两个方面：一是背景音乐控制，即营业高峰期加快背景音乐曲目的节奏，不但传递着快乐情趣，而且在不知不觉中顾客加快了用餐的速度；二是有效沟通控制，对不愿意等候就餐的顾客鼓励外带与外卖。

3. 现场任务控制路线

服务营运现场，服务经理是按照设计的巡铺路线，通过动态巡视进行重点主义任务控制，是伴随饭市营运走势和服务流程实施的。

从饭市开市到客满之前最繁忙的是迎领工作站，这时服务经理位置主要在迎领工作站，与迎领人员一同迎候顾客。迎候顾客过程包括认识顾客、识别顾客、记忆顾客，对于忠实顾客要安排领班以上管理人员为其服务。

在顾客就坐后最繁忙的是服务工作站，这时服务经理工作位置应在服务区域，主要督导服务现场作业时效，通过巡视察看每台顾客是否都有服务人员提供点菜服务、上菜服务……顾客是否有因等候时间过长而出现的不满情绪，是

否还有等候点菜的顾客……必要时服务经理要加入现场服务作业。

点菜分单后最繁忙的是传菜工作站、水吧工作站，这时服务经理工作位置在二者之间，检查是否按要求上菜上水，顾客等候时间是否过长，着重掌握上菜进度，检查是否需要催菜。当点菜单的内容完成60%以上时，服务经理要离开传菜和传水区域，再次进入服务区域督导加菜、减菜、退菜工作。

顾客用餐完毕后，最繁忙的是收银工作站、清洁工作站，这时服务经理的工作位置是在二者之间，检查两个工作站是否按流程收银，是否出现差错，清洁是否及时，是否迅速撤台，是否迅速抢台，是否迅速复台。

顾客陆续离座后，迎领工作站是最繁忙阶段，这时服务经理要回到迎领区域送别顾客。这是服务经理的第一轮任务控制，随着客流、饭市交替，服务经理还要导入第二轮、第三轮现场任务控制。当然，这是例行性任务控制，在营运现场服务经理要把握突发性任务控制，如：意外事件、团餐预订……

【以团餐预订为例】有大批量的团队顾客是好事，但在接待团队顾客之前服务经理应在第一时间协调店铺不同体系的现场管理工作，包括：通报分店店长、厨务经理，及时决定是否能够承接，以哪种模式承接，能做到什么程度……在综合平衡的基础上，根据餐饮企业的实际情况做相应的取舍。

■ 服务现场时点控制

服务营运现场工作由诸多环节组成，管理人员不可能亲自兼顾所有环节，只能够做重点主义控制，即把握关键任务、关键环节、关键指标、关键时刻。服务营运现场时点控制管理是由以下三部分内容构成的：

1. 现场的关键点控制

管理专家把顾客与企业接触的时点称为“关键时刻”。关键时刻转化为企业关键点是指顾客接触企业关键时刻的感受与评价，包括：店铺指示系统、停车过程效率、迎宾领位素养、点菜服务素养、盯台服务素养、传菜服务素养、水

吧服务素养、收银服务素养、清洁服务素养、送客服务素养等内容。

服务经理在对服务营运现场做重点任务控制的基础上，应着重对工作站所属工作岗位与顾客接触的关键点进行控制，以保证服务链条与厨务链条的良性运转。关键点控制是指通过对企业与顾客接触关键时刻控制，使顾客惠顾企业过程有良好的感受与体验，从而获得顾客对餐饮企业的持续好评。

服务经理在店铺服务营运现场把握关键时刻与关键点位，既要按顾客用餐动线设计、控制、评价、修正餐饮企业服务动线与厨务动线的设计与运行，又要按顾客用餐动线设计服务经理在服务营运现场的管理动线。

顾客满意不但需要功能服务，而且需要心理服务。顾客心理服务能强化顾客内心感受，服务营运现场管理导入真诚微笑服务是诉求顾客从内心感知餐饮企业服务设计的有效手段，因为微笑是最具杀伤力的“武器”！

【案例分析：希尔顿酒店】希尔顿酒店以微笑享誉全球，微笑在经营四大信条中占首要位置，即“微笑、信心、辛勤、眼光”。正如唐纳·希尔顿自己所说的那样：“如果酒店里只有一流的设备而没有第一流美好的微笑，好比花园失去了春天的阳光和春风。”发自内心的微笑最能够让顾客感觉如沐春风，倍感舒适，即使服务人员的服务提供有不到之处或细节有失误也会融化在笑容里。

关键中的关键是指餐饮企业与顾客接触关键时刻的关键点位。只有把握住关键中的关键，才能使顾客服务链条平稳运行。当然，服务链条平稳运行的前提是服务动线设计、厨务动线设计与顾客动线设计相吻合。任何工作动线、任何工作站、任何工作岗位出现问题，都无法保证关键中的关键实现！

2. 现场的链接点控制

由于衡量服务品质与厨务品质的标准是顾客体验与评价，所以工作站与顾客接触的关键点是否顺畅就成为服务链条与厨务链条运行的关键。只有工作站与工作站之间链接顺畅，整个服务链条设计、厨务链条设计才能连续运行。这就需要把握好以顾客满意为核心的服务链条与厨务链条的有效链接。

如果任何链接点出现问题，不但会导致服务链条与厨务链条之间无法继续运行，而且由于出现纰漏或瑕疵，顾客会给餐饮企业以“100–1=0”的不客观评价。因而服务营运现场每个关键点位的平稳过渡与链接既是服务经理、服务副理、服务领班巡视的重点，又是管理的重点，还是控制工作的重点。

服务营运现场关键点位链接包括以下两层含义：其一，工作站内部关键点的链接；其二，工作站之间关键点的链接。关于工作站内部关键点的链接，通过分工协作与服务领班对工作站现场管理相对容易把握；关于工作站之间关键点的链接，如果不能给予高度重视，就会出现链接的盲点与漏点。

既然工作站之间关键点的链接是服务营运现场管理的重点，那么理性链接点的把握应设计制度性措施。包括工作站之间强调团队合作精神培育，服务领班工作绩效导入团队合作评价。只有这样才能使工作站之间团队合作，才能使服务领班跳出工作站的局限，因为顾客评价餐饮企业是要整体最优。

本节我们花费很大的篇幅来阐述关键时刻、关键点位、点位链接等重要内容，目的是让服务经理、服务副理、服务领班牢记：只有把握关键时刻、关键点位、点位链接，才能使服务链条与厨务链条平稳地与顾客用餐链条运行相互链接，才能够实现以顾客满意为核心的服务价值链条的平稳运行。

【案例分析：链接点结构模式】链接点位如此重要，我们应阐述链接点位间设计结构。关于交融结构，即A工作站、B工作站、C工作站之间链接有一部分交融；关于链接结构，即A工作站、B工作站、C工作站之间是断开的，需要链接功能相链接。比较而言：“模式一过度平稳，模式二强调链接”。

3. 现场的遗漏点控制

遗漏点控制又称盲点控制，服务经理、服务副理、服务领班都有过这样的经历，无论服务营业现场是否繁忙，总会出现盲点，即包房重复预订、顾客来到没位、早到顾客菜晚上、等候时间长菜还未上、菜肴上错餐台等。餐饮企业服务营运现场出现盲点属低级错误，盲点是可以控制、可以杜绝的。

服务营运出现盲点是由于服务设计、服务训练、管理督导、现场管理出现问题所导致的。盲点控制就是要针对上述问题，导入“五步故障排除法”，通过层层剖析出现盲点的原因，回到问题出现的原点去解决问题。在解决问题的基础上，拟订制度性的措施，以避免重复出现营运盲点的类似问题。

大多数遗漏点的出现是因为管理团队、工作团队以及两个团队之间的工作沟通出现障碍。值得指出的是，管理问题出现大多是因为沟通不畅所导致的，管理人员对沟通的理解未必真的到位！沟通是有效的管理工具，沟通是一个闭循环系统，沟通有不同的沟通方法，沟通需要运用工具来做支持。

遗漏点控制是对突发事件、时点失控、任务失控的控制。一幅画会因一个瑕疵而不完美，服务营运现场会因一个断点而不圆满。断点发生来自突发事件、时点失控、任务失控等要因。对断点控制的目的，是要迅速扭转不利局面，恢复正常局面，当然不同级别管理人员对遗漏点控制内容是不同的。

遗漏点的控制既包括组织性措施（分工协作组织体系），又包括管理性措施（有效沟通途径体系），还包括制度性措施（训练制度体系导入）。这些措施的集合与实施能够使服务营运现场有效规避遗漏点，使服务价值链条平稳运行，让顾客感受优质产品、优质服务、优质环境，并产生良好的体验。

【服务现场时点控制】关键点、链接点、遗漏点构成了服务营运现场经理人与管理人员对时点控制的全部内容。服务营运现场导入对关键点控制的目的，旨在实现使管理团队对关键时刻的关键点位控制；服务营运现场对链接点控制的目的，旨在实现对工作站与工作站之间的链接点位控制；服务营运现场对遗漏点控制的目的，旨在实现对服务链条运行可能出现的盲点进行控制。

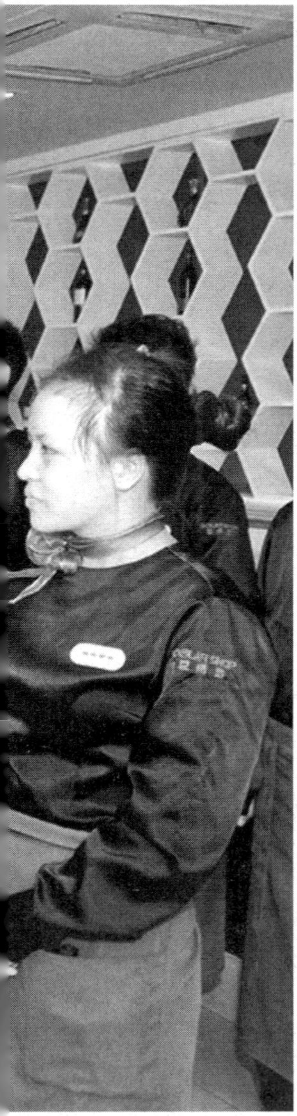

第六章

工作设计督导——现场管理任务之Ⅱ

工作设计是工作团队完成工作任务的前提，是基层管理团队督导与实操的基础，是高层经理人控制与评价的准绳。工作设计是服务营运现场管理实施的基础，反之，服务营运现场管理也是工作设计持续改进的管理平台。

服务营运现场管理既要按工作设计要求督导现场工作进程，又要通过督导管理对工作设计做理性修正。服务营运现场管理工作设计督导作业包括：营运时间顺序管理、岗位作业标准管理、三大功能诊断管理等项内容。

■ 营运时间顺序管理

服务营运现场管理，时间是最宝贵的资源。因为在服务营运现场有限的时间内要做诸多工作内容，所以要以时间为尺度统筹设计安排；服务营运现场管理时间是交叉的，顾客时间、营运时间、服务时间只有协调一致，才能确保服务营运平稳运行。服务营运现场时间顺序管理包括以下三项内容：

1. 管理团队时间管理

时间顺序管理是指以时间为主线对工作任务所做的理性设计与管理。在日常服务营运过程中，每个管理职位、每个工作岗位都应有工作时间顺序设计。时间管理是指以时间顺序为主线的管理，目的是有效地利用时间提高工作效率。管理专家认为，除非能够管理好时间，否则一切管理都无从谈起。

关于服务经理时间管理应把握：服务经理每日当班应设计理性的当班计划，规范例行性工作与非例行性工作的工作内容，标注时段以约束和限定完成工作时限。之所以标注时段，是因为服务经理在那个时段应完成当班计划约定的工作内容，当然不要精确到几点几分，所以时段标注以30分钟为宜。

关于服务副理时间管理应把握：服务副理职位有双重角色，当服务副理执行值班经理角色时，所用的当班计划是服务经理的当班计划；当服务副理执行服务副理角色时，所用的当班计划是服务副理职位的当班计划，即以30分钟为时段，设计、约束、规范例行性工作与非例行性工作的工作内容。

关于服务领班时间管理应把握：服务领班每日时间管理也体现在当班计划上，包括班前准备、班中跟进、班后总结三个环节。每个环节有工作内容与流程，要在约定时间内完成，否则会影响下个环节。服务领班同样也要设计当班计划，即以30分钟为时段，设计例行性工作与非例行性的工作内容。

2. 工作团队时间管理

服务工作团队是指服务营运现场一线工作人员，他们是餐饮企业关键时刻实施者。餐饮企业每名服务人员每天要接待 10 名以上顾客，每位顾客至少有 2 次关键时刻，那么 1 名服务人员 1 天至少有 20 次关键时刻！为此，服务工作团队既要设计服务内容、流程、标准，又要设计完成工作时间约定。

服务工作团队每日工作时间包括：作息时间，指工作人员上班与下班应共同遵守的具体时间；作业时间，指工作岗位人员每日工作的具体时间设计约定；用餐时间，指每位工作人员的每日每次用餐时间累计之和；培训时间，指每位工作人员每月应培训时间累计分摊之和；当然还包括其他时间。

作业时间设计是服务工作团队每日工作时间重心，因而要以作业时间为核心设计工作时间。服务工作团队作业时间以饭市为重点，包括饭市前准备作业时间、饭市中服务作业时间、饭市后收市作业时间。其他工作时间包括：用餐时间、会议时间、培训时间、休息时间，都不能够影响作业时间。

服务工作团队的每日工作时间以作业时间为核心，同样要设计以 30 分钟为时段应完成的工作内容。在此基础上，服务领班、服务副理、服务经理以服务工作团队工作时间设计为依据，进行服务营运现场工作时间管理，在操作层面，以时间为依据督导服务工作团队对所完成工作任务的工作品质。

3. 饭市时间链接管理

服务营运现场管理包括开市前准备现场、开市中营运现场、开市后收市现场，要在设定时间约束下完成工作内容才能实现。没有时间约束就无法从时效、顺序、弥补等方面做好开市前、开市中、开市后的服务营运现场管理。因而，既要做好不同阶段的时间管理，又要做好阶段之间的链接管理。

开市前要做好各项准备工作，使服务营运能够按照计划实施。当然，饭市开市工作应以时间为约束，设定工作内容、工作流程、工作标准，并坚持执行标准形成行为方式。这不但能提升工作效率，而且能使工作简单，还能使工作好评价。缺少理性的开市工作设计，必然导致市中营运漏洞百出！

开市中要做好各项链接工作，在此基础上实施服务营运管理。当然，饭市市中工作应以时间为约束，设定工作内容、工作流程、工作标准，并坚持执行标准形成行为方式。这不但有利于管理团队对关键时刻把握，而且有利于对关键时刻管理。缺少理性的市中工作设计会导致服务营运现场失控！

开市后要做好饭市收市工作，为本期饭市运营划上圆满句号。当然，饭市收市工作应以时间为约束，设定工作内容、工作流程、工作标准，并坚持执行标准，形成收市的工作方式与行为方式。单一饭市不同时段管理，是整个饭市管理充分必要条件，希望服务管理团队掌握饭市不同时段管理之道！

【营运时间顺序管理读后实践】

1. 何为时间链条？--

描述服务管理团队时间链条设计？---------------------------------

----

2. 何为作业时间？--

为何要设计理性的岗位作业时间？---------------------------------

3. 何为三段时间？--

如何设计与管理饭市的三段时间？---------------------------------

■ 岗位作业标准管理

工作标准既是餐饮企业向顾客承诺的工作品质，又是对岗位工作应达到水平的明确规定。工作标准灌输是在服务设计基础上通过人员训练实现的，这是岗位标准管理的前提，离开前提去谈岗位标准管理没有意义。

营运现场工作岗位管理包括服务岗位标准和厨务岗位标准，是管理人员将工作标准付诸实施的过程，管理人员应按设定岗位标准检查、督导、指导员工工作行为，实现服务品质与厨务品质，在设定时间内生产与再生产。

1. 服务岗位标准管理

服务营运现场工作岗位作业设计体现在一线服务人员的服务语言、服务行为、服务技术、服务态度四个方面，管理人员要通过营运督导使工作岗位作业设计付诸实施，并通过语言、行为、技术、态度训练来实现。

服务语言是人们交流思想、相互了解的工具。营运现场值台服务第一步是运用礼貌用语、专业术语为顾客介绍菜品、饮品、点心，解答顾客询问，运用语言与顾客进行有效沟通。因而服务人员必须掌握礼貌用语、工作术语，做到音调适中、语言委婉、语气柔和。服务提供是从服务语言开始的。

【想一想】

- 在顾客忘记埋单没付账款离座你应用什么语言提醒顾客？
- 当顾客带着指责的语气与你讲话时你应用什么语言应答？
- 当顾客提出不恰当、不合理要求时你应用什么语言回答？

服务行为虽然是个人举止，却代表个人修养与企业形象。在典雅的环境下，服务人员穿着不整洁的衣装为顾客服务，顾客会怎么想？顾客正在就餐服务人员在旁边站没站相（倚、偎、靠），会给顾客留下什么印象？

服务行为标准包括服务人员站姿、行姿、坐姿、蹲姿、转身、着装等六个方面，营运现场服务人员应具备职业、正规、得体的行为。上述服务行为包括基本行为、工作行为、职业行为，是通过服务行为训练规范的。

服务技能既是不同工作站的工作内容，又是不同工作站的工作要求，具体地讲包括：迎领服务技能、盯台服务技能、传菜走菜技能、酒水服务技能、收银操作技能、清洁工作技能六大类。服务技能有一定的技术含量，要通过规范训练与大量重复才能熟练，服务作业熟练程度直接决定服务速率。

服务态度决定一切，服务营运现场服务语言、行为、技能能通过标准与要求约定，但服务态度界定有很大难度。服务态度不能简单用好与不好来描述。实际工作中，很多服务问题都出在服务人员和顾客的态度上。

服务营运现场展现的服务态度，是服务人员为顾客服务表现的音、容、姿、貌，服务态度除了受环境影响外，还受个人情绪（生理指标、情绪指标、心理指标）与企业氛围（激励措施、领导风格、团队氛围）影响。

2. 厨务岗位标准管理

营运现场厨务岗位标准是指一线厨务人员的工作内容、工作流程、工作要求、工作速率四个方面的标准设计与集合，管理人员应运用厨务管理督导，实现厨务岗位标准设计。厨务岗位标准设计，能够让人正确地做事。

工作内容标准既是厨务各工作站分工内容要求，又是各工作站的作业要求，具体包括：加工、切配、烹制、打荷、面点、冷菜、洗消等七个工作站的工作内容。与服务技能一样，厨务工作内容标准有更高与更专的技术含量，厨务人员的技术水平直接影响生产能力与出品品质。因而，营运现场管理人（厨师长）对工作内容标准管理的重点，是对作业流程与标准实施管理督导。

厨务工作流程标准有两个层面：一是工作站内部的工作流程，二是工作站与工作站之间的工作流程。工作流程标准是厨务体系连续出品的保障。厨务生产虽然有明确分工，但在操作中，环环相扣与不可分割的生产链条决定了，上一道工序对下一道工序有着重要与直接影响。因而，工作流程标准实施，除了设计工作流程以外，重要的是要建立下个环节就是顾客的厨务生产理念。

岗位作业标准是对厨务工作站不同工作岗位的具体作业要求，包括以下三个方面内容：一是厨务工作标准，二是厨务工作绩效，三是厨务工作安全。三个方面内容的作用是：厨务工作标准决定出品品质、出品稳定；厨务工作绩效决定企业收益、顾客满意；厨务工作安全决定出品安全、顾客安全。

工作速率标准设计包括：等候时间控制与出品速度控制两项内容。服务营

运现场高峰期出现顾客等候上菜现象很普遍，但顾客等候时间不能长，关于等候时间控制，服务体系工作人员与管理人员要加快催菜、传菜、落菜速度；厨务体系工作人员与管理人员要加快加工、切配、烹制、出品速度。

营运现场厨务工作速率由两大因素决定：一是工作人员的人力安排，即厨务负责人的调度；二是工作人员的熟练程度，即需要通过训练提升。当然，与服务人员的工作态度一样，厨务人员的工作态度会影响菜品品质。岗位标准管理是通过工作人员实施、领班人员落实、经理人员督导来实现的。

3. 标准化的彻底实施

在阐述标准化实施内容时，让我们再次分享丰田标准化管理内容，“标准作业是将作业人员、作业顺序、工序设计、物流过程做最适当组合，以实现生产目标的作业方法，是以人的动作为核心、按没有浪费的操作顺序设计的生产方法。标准作业是生产现场管理依据，是改善生产现场作业的基础”。

现场管理实施的前提是所有工作是可以设计、可以衡量、可以评价的，要导入实施需要餐饮企业建立标准化运作与管理。管理就是要建立一种秩序使工作变得简单，支持秩序的基础是标准建立，因为工作标准化才能使复杂工作简单化，简单工作程序化，程序工作规范化，这也是标准建立的逻辑。

标准化作业设计以中式正餐服务区域收台清洁工作标准为例，包括建立收台工作步骤与建立收台工作标准，在操作层面：收拾台面布巾、收拾酒具饮具、收拾筷子小件、收拾公共餐具、收拾客用餐具步骤与标准。

设计工作标准后要对作业人员进行训练，使作业人员掌握与执行工作标准，因而训练对标准执行至关重要！训练传达着企业作业标准设计，训练传达着企业能够接受的标准，训练传达着企业能接受的唯一标准，训练目标是让受训者接受作业标准，训练目的是让受训者掌握、胜任、固化作业标准。

在阐述标准作业管理内容时，让我们再次分享丰田标准化管理的内容，“丰田公司任何一位训练有素的管理者，发现产品出现瑕疵时询问的第一句话是：‘有没有按标准化工作执行？’在解决问题时，管理人员会看着操作人员按照标准化工作说明表所记载的步骤执行一遍，以检查是否有差异，若操作人员完全遵

循标准化的工作程序产生了瑕疵，则表示标准步骤设计应该重新修正”。

【岗位作业标准管理读后实践】

1. 何为语言、行为、技能标准？------------------------------------

如何设计与运用服务岗位语言、行为、技能标准？-------------------

----

2. 何为工作内容、流程、标准？-----------------------------------

如何设计与实施厨务岗位工作内容、流程、标准？--------------------

----

3. 何为标准作业、训练、管理？-----------------------------------

如何设计与实施工作岗位标准作业、训练、管理？--------------------

三大功能动线管理

动线管理是服务营运实现连续性、继起性、高效性、协调性运行的关键，营运现场动线管理重点是现场链接维护、动线设计整合。

1. 现场服务动线管理

服务动线是服务人员的服务工作动线。服务动线设计与运行直接体现着服务工作效率与效益。服务动线管理的重点是服务态度、服务内容、服务流程、服务方法、服务路线、服务传递等的效率、效能、效果管理。

服务态度管理是服务提供的关键，营运高峰期服务人员是否主动加快速度为顾客服务，对服务动线效率非常重要。服务态度受顾客情绪、个人情绪的影响。有些餐饮企业把服务态度作为考核对象，并设计了若干指标。笔者认为，经理人与管理人员能激发、保持、再生服务人员良好态度才是关键。

服务传递管理是服务运行的关键，服务传递包括服务工作传递和服务信息传递。好像接力比赛，一个环节与其他环节不但需要队员与队员之间的交接，而且包括接力棒一棒一棒的传递。服务动线也是如此，当一项服务传递到下个服务环节时，既要与下个环节进行交接，又要对客情进行有效沟通。

服务方法管理是实现个性化与差异化服务的关键，服务模式是程式的，服务方法运用能使服务模式效率最大。很多餐饮企业服务设计过分强调规范，其实，顾客是个性的，服务设计也应该是多样的，因为服务设计目的是使顾客满意，所以服务方法管理既要追求程序与标准，又要提供个性与差异。

服务内容管理在服务营运现场包括两个方面：其一，服务内容的技术含量（直接决定着服务效率），其二，超值性的服务设计（包括心理服务、个性服务、差异服务）。服务内容管理不但有服务设计限定，而且要有餐饮企业个性与差异，服务内容管理应体现为顾客提供可体验与可感受服务为追求。

服务路线管理重心是服务路线设计，服务路线设计对服务效率影响最直接，走弯路、远距离……自然要花费更多时间。服务路线设计要考虑顾客因素，如果最近的路线会影响到顾客用餐，那么这条路线是不能选择的。服务路线管理不是简单的距离问题，而是要考虑服务速度与顾客用餐便利性。

2. 现场厨务动线管理

厨务动线是厨务营运过程中厨务岗位与厨务人员的工作动线。厨务动线设计直接体现厨务生产效率。厨务动线管理的关键是厨务工作站所属工作岗位的工作内容、工作流程、工作标准设计的合理性，以及厨务人员配置、人员能力组合、工作方法运用、人均劳率设计、团队合作实现等的合理性。

【案例分析】任何一道热菜出品都要经过开生工作站、切配工作站、烹制工作站、打荷工作站、内传工作岗位、传菜工作站配合，才能最后落到餐台上，这就是厨务动线运行。其中，工作分工协作、工作标准执行、熟练程度配合、工作链条链接、表格单据运行……都直接影响着厨务动线效率。

厨务工作站设计的岗位工作内容、工作流程、工作标准是厨务动线运行的前提。厨务动线运行出现问题，既可能出现在工作岗位与岗位之间的链接上，又可能出现在工作站与工作站之间的链接上，还可能出现在岗位工作内容、工作流程、工作标准设计与执行上，这也是工作站管理的重心与关键！

厨务工作团队设计，虽然劳动密集但讲究团队合作，因为团队合作产生结合力。厨务动线是生产动线，工作站设计合理、工作岗位设计合理是工作效率提升的前提，当然，高素质的厨务人员是工作效率提升的基础。显然，提升厨务动线工作效率既包括合理的工作站设计，又包括厨务工作团队打造。

厨务与服务链接是通过点膳分单工作链接、出品传菜链接实现的。其中，点膳分单工作链接是服务工作站接受顾客点膳后分单，即通知厨房客情及需求，厨房接单后启动制售；出品传菜链接是指厨房接到点膳单后，按冷菜出品与热菜出品时间完成菜肴制作出品，通过传菜环节落台让顾客享用。

3. 现场顾客动线管理

顾客动线是指顾客就餐过程的活动路线。顾客动线管理应以方便顾客就餐、满足顾客需求、实现营运秩序为宗旨。具体内容如下：

方便顾客就餐是指餐饮企业为顾客所提供简捷、高效、适用的服务设计，工作站内部有工作岗位设计与管理；工作站之间有理性严谨的设计与管理。在此基础上，还要为顾客提供便捷服务，如：顾客停车服务、汽车美容服务、顾客等候服务、顾客寄存服务、电子点膳服务、多种结账服务等内容。

满足顾客需求是指提供优质服务和稳定出品，关于提供优质服务，包括顾客可感受的迎领服务、值台服务、传菜服务、水吧服务、收银服务、清洁服务，以及体验服务、心理服务、超值服务；关于提供稳定出品，包括顾客可感受的出品时间、出品顺序、卓越味型、稳定出品、精美盘饰等内容。

实现营运秩序是指把握顾客用餐动线，即把握现场营业走势与营业秩序管理。关于营业走势管理主要把握饭市高峰前、饭市高峰期、饭市高峰后三大时段顾客走势；关于营业秩序管理是指把握现场营业秩序，执行饭市高峰前顾客维系管理，饭市高峰期提供高效服务，饭市高峰后提供定制服务。

【案例分析】某餐饮企业导入人性化顾客动线管理，顾客上洗手间时服务人员为顾客引领方向后迅速回位，顾客再次就座发现台面已清理并重新复台，这样的顾客动线管理既体现人性化服务，又能满足顾客需求。

【三大动线和谐运行】管理人员的管理动线控制着服务动线、厨务动线、顾客动线，因而理性的管理动线设计就成为动线管理关键。

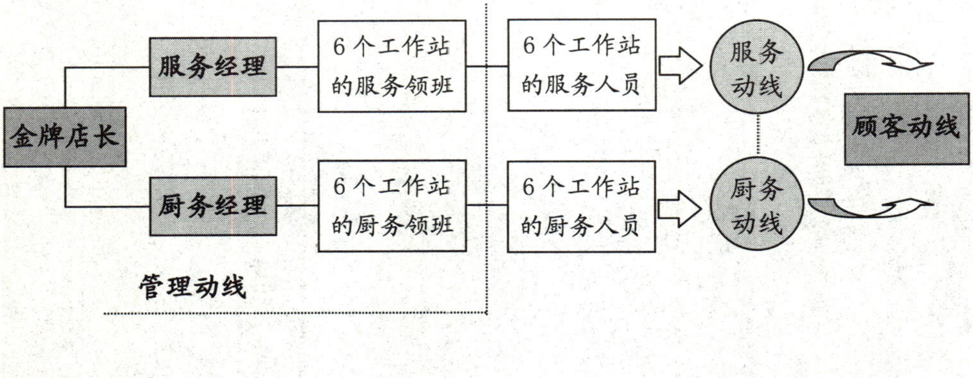

【三大功能动线管理读后实践】

1. 何为服务态度、服务传递、方法管理?________________________________

如何设计与实施工作态度、服务传递、方法管理?________________________

____

2. 何为工作站、工作团队、功能链接?__________________________________

如何设计与实施工作站、工作团队、功能链接?__________________________

____

■ 服务训练诊断管理

服务经理对现场管理包括服务训练诊断内容，即在营运现场发现服务内容、服务流程、服务标准问题，并进行诊断、评价、指导。

1. 服务现场指导管理

服务营运现场指导管理是在服务营运现场实施培训的重要手段，因为从观念到认识、从认识到行为、从行为到习惯是一个不断训导、不断重复、不断跟进的过程，是由服务经理、服务副理、服务领班不断检查、训练、指导、教授、示范等大量培训工作实现的。这就是服务营运现场指导管理价值。

【重要提示】服务营运现场训练是不断重复、不断持续的过程，不能要求服务人员只通过一次培训就能完全做正确，这是理解培训与训练区别的关键。专家指出，培训是一次性工作，训练要重复七次以上，只有重复训练（200次重复产生记忆）直到成为服务人员自觉行为，才能够达到训练的目的。

服务经理实施现场指导管理会面对：严重问题、常规问题、补救问题三类问题。

严重问题是指影响服务品质、有损企业形象、顾客严重不满的问题。服务经理在服务营运现场发现严重问题应立即指导改进以避免损失，因为顾客对小问题的不满意会产生不满、抱怨、投诉；如果顾客面对严重问题，相信会构成餐饮企业危机处理。只有及时改进，才能避免与化解危机。

常规问题是指训练不到位、员工有反复、作业不规范、协作有盲点等问题。服务经理在服务营运现场发现常规问题，一般采取指导改进后做好记录处理，以便为服务体系训练工作实施提供素材和案例。这也是服务经理在服务现场发现服务训练需求的手段。牢记，训练传递着企业能接受的标准。

补救问题是指服务现场出现人手短缺、人员严重失职、紧急事件等问题，由服务经理、服务副理、服务领班亲自补位所做的弥补性工作。现场补救具有即时性、机动性、突发性的特点，一般会出现在营运高峰期。服务经理对补救问题及时处理的基础上，再进行事后训练，以杜绝类似问题的发生。

2. 两种服务训练转变

服务经理从指导管理向训练管理转变应注意常规性问题和功能性问题的处理。

常规性问题是指共性与惯性问题，是能够通过持续训练改进的，由于惯性已形成习惯，所以改进惯性需要多次训练才能够见效。服务经理无论实施指导管理，还是实施训练管理，都要研究常规性问题产生的根源。

◇ 为什么会出现常规性问题？是因为训练不到位！

◇ 为什么服务训练会不到位？是因为没训练体系！

◇ 为什么没有设计训练体系？是缺乏对训练理解！

……

通过导入五步故障排除法，连续问五个为什么，能查明问题产生原因。在查明原因基础上，餐饮企业可采取措施将问题变为机会。

功能性问题出现不是员工的责任，而是餐饮企业工作设计问题，因而要在工作分析基础上修正。服务经理实施服务营运现场管理，既能发现常规性问题，又能发现功能性问题。针对发现的功能性问题，应在店长的指导下启动管理团队提出解决问题方案，在实施、评价、比较的基础上，固化新的工作设计。这就是管理所追求的完善无止境良性循环！服务经理实施服务营运现场管理应有思想准备，当执行标准作业没有问题时，再考虑功能设计是否出现问题。

3. 服务训练传承素养

虽然管理是要建立一套秩序、一套方法、一套模式，使工作变得简单，但要让所有管理人员能够接受秩序、方法、模式，需要训练、需要指导、需要实践。当批次受训管理人员接受了秩序、方法、模式，并变成自觉行为后，他们才能具有复制秩序、方法、模式的愿望与能力。这是理解训练传承的关键。

管理素养传承是从第二代开始，通过第三代、第四代、第N代传承实现的，而一批管理人员的成熟需要3年左右的时间；服务素养传承也是从第二代开始，通过第三代、第四代、第N代传承实现的，关键是要建立训练体系、训练模式、训练团队，以实现服务素养传承。牢记：餐饮业本身是训练业。

餐饮企业之所以要建立入职训练、应岗训练、管理训练体系与机制，就是要实现素养传承。其中，入职训练是洗脑训练，传授着餐饮企业的主流文化与核心价值；应岗训练是技能训练，使员工具备胜任工作的知识、经验、技能；管理训练是成长训练，使工作人员向管理人员升迁，实现职业生涯设计。

关于培训餐饮企业容易有表层理解，表现在：老员工大量流失后才想到培训，服务品质普遍下降后才想到培训，顾客投诉越来越多时才想到培训，新员工仓促上岗后才想到培训。把培训理解为“即时贴”。成型的餐饮企业已把培训作为营运的一部分，即使这样仍感到力不从心，因为培训是需要重复的！

关于训练餐饮企业容易有片面理解，具体表现在：把一次性培训与持续性训练相混淆，把一次性培训与训练后追踪相混淆，把一次性培训与体系化训练相混淆，把一次性培训与训练评价相混淆。实际上，餐饮企业基层层面不但需要培训，而且需要训练，因为训练是重复性运作，训练是体系化的运作！

【服务训练诊断管理读后实践】

1. 何为现场指导、现场改进、现场补救？________________________________

如何设计与实施现场指导、现场改进、现场补救？____________________

____

2. 何为常规问题、功能问题、训练需求？________________________________

如何设计与解决常规问题、功能问题、训练需求？____________________

____

3. 何为传承素养、训练持续、训练特质？________________________________

如何设计与实施传承素养、训练持续、训练特质？____________________

____

HARBIN BEER
★哈尔滨啤酒★
Since 1900

第七章

服务品质控制
——现场管理任务之Ⅲ

何谓品控？笔者认为，品质源于顾客需要，从顾客需要角度定义营运现场品质控制才是准确的。营运现场品质控制不但包括服务品质和出品品质等内容，而且包括所传递的经营理念、管理理念、服务理念等内涵。

营运现场顾客需要是通过服务人员服务实现的，并由厨务人员提供有价值感的产品，服务人员完成产品实现与服务交易。顾客需要满足过程，需要从服务到厨务，再从厨务到服务链接，因而现场品控重在过程控制。

■ 现场品质控制内容

现场品质控制包括现场品控理念、服务品质控制、厨务品质控制三项内容。其中，品控理念决定了全体工作人员对品质理解，服务品质决定了服务满足顾客需要的程度，厨务品质决定了产品满足顾客需要的程度。

1. 现场品控理念分享

关于现场品控，让我们来分享丰田公司的品控理念。丰田公司认为："品质管理重要的是不断强调品质是全体工作人员的责任，提供给顾客优良品质是企业的价值主张。品质是不可以妥协与打折的，因为只有为顾客提供价值，您的事业才能继续生存，工作人员才能继续留在公司、留住饭碗"。

在我们分享了丰田公司的品控理念后，笔者提醒您：劳动密集型的工作组织只讲述理念是不够的，重要的是让工作团队在了解理念的基础上，通过规定动作、规范设计、规则拟定将观念转化为行为。金牌店长、服务经理、厨务经理应懂得餐饮企业处在不同阶段要运用不同的管理方法。在被动管理阶段要通过制度手段、行为约束来强化管理；在主动管理阶段要通过目标设计、质量指标来实现管理；在自我管理阶段，要通过激励方案、职业发展来实现管理。

现实生活中，餐饮企业长期沉淀才有了共同理念，共同理念不断教化才转化为人的自觉意识，自觉意识不断训导才产生自觉行为，自觉行为不断重复才成为人们的习惯。行为转化为习惯，既是逻辑过程，又是漫长演进过程，因而需要在理念的指导下，将行为不断固化形成人的习惯。一旦行为转化为习惯，无论是规定动作、规范设计、规则拟定，还是制度约束、过程约束、行为约束都会退到次要位置，因为餐饮企业在文化期已完成转型。牢记：习惯形成要打磨。

笔者认为，一个没有10年左右发展历程的餐饮企业很难形成文化与传统，之所以没有文化与传统是因为没有足够的沉淀，提炼不出核心价值内容。没有文化也就谈不上有传统，餐饮企业发展一般要经历：初创阶段的英雄期、发展阶段的制度期、成熟阶段的管理期、稳定阶段的文化期、成型阶段的宗教期过程。笔者认为，优良传统的形成是餐饮企业发展稳定阶段文化期的产物，因为在餐饮企业发展到文化期人们才有信仰、才有信念、才有信条、才有传统。

2. 现场服务品质控制

许多餐饮企业都强调优质服务，为此也制订了服务流程，拟定了服务标准，设计了顾客维系，但有了这些是否等于有了优质服务呢？答案是否定的。因为营运现场服务不是静态的，应根据顾客需要做动态的调整。

服务内容控制，餐饮企业服务内容是根据服务类别设计、服务等级设计所确定的具体服务项目，包括零点服务、包房服务、宴会服务三项内容。服务营运现场要面对不同顾客，因而服务内容设计要做适当变通，有时需要服务人员主动变通，有时需要根据顾客要求做变通。牢记，变化是绝对的。

服务营运现场内容控制包括：其一，规定内容实现，这与服务流程和服务标准有关；其二，变通服务实现，顾客要求有合理与非合理的，因而要把握变通的度，这取决于营运现场管理人员、服务人员对服务的理解。

服务流程控制，服务内容设计链接起来构成服务流程，服务流程以点成线，将服务内容链接成特定程序。以零点服务流程为例：

迎客 ⇨ 点菜 ⇨ 传菜 ⇨ 上菜 ⇨ 结账 ⇨ 清洁 ⇨ 送客

营运现场服务流程控制包括：一是服务人员按流程实施现场服务，管理人员督导服务流程实施情况；二是通过现场督导发现流程问题，改进服务流程，提升服务效率，服务流程设计是要实现“1 + 1 > 2”的效能。

服务标准控制，标准是衡量事物的准则，服务标准是衡量服务设计的准则，服务标准是决定服务品质和顾客满意的前提。优质的餐饮服务可用 7 个英文字母缩写（SERVICE）来表述：S ~ SINCERE（真诚服务）；E ~ EFFICIENT

（效率保障）；R ~ READY TO SERVE（随时服务）；V ~ VISIBLE（有可见性）；I ~ INFORMATIVE（提供信息）；C ~ COURTEOUS（礼貌得体）；E ~ EXCELLENT（非常优秀）。

【事实证明】服务品质高低在很大程度上是由服务人员的态度决定的（态度本身很难定量），服务人员不能把不合口味的饭菜变得美味可口，却可以把美味可口的饭菜变得无滋无味！营运现场服务标准控制包括两个方面：一是服务人员应按服务标准实施现场服务，管理人员督导服务标准执行情况并把握应变尺度；二是针对营运现场服务问题实施现场训练，以提升现场服务水平。

3. 现场厨务品质控制

不是制订了厨务作业标准，就能够有优秀的厨务品质。为此您应把握厨务品控分析、厨务品控内容、现场厨务品控。

厨务品控分析，对顾客来讲，厨务品质由出品来体现，出品由美味与稳定

两大指标支撑。其中美味是关键，离开美味一切都无从谈起；稳定是顾客再来的理由，因而产品标准、训练水平、敬业精神构成稳定要素。

食材与厨务出品：如果食材品质欠佳，即使烹调技术再高，品质也会打折扣。当然，食材与餐料对出品影响能够通过控制来解决。

人员与厨务出品：厨务人员参与产品制作，对出品有直接影响。厨务人员主观因素对出品影响，可通过岗位设计与现场管理解决。

制作与厨务出品：制作是产品加工制售过程，制作对出品稳定影响更为直接，制作因素对出品稳定影响可以通过标准导入来实现。

设备与厨务出品：设备对厨务出品影响，体现在设备稳定性与易操作上。要通过维护保养与使用训练，为厨务出品提供设备保障。

科技与厨务出品：中式餐饮企业出品是靠厨务人员经验、技能、感觉，因而提升中式餐饮企业技术含量是提升出品稳定性的关键。

厨务品控内容，产品品质控制是通过原料标准、餐料标准、加工标准、切配标准、烹制标准、打荷标准、出品标准及工艺文件的运用来实现。不同工作站、不同工作岗位工艺技法控制是出品稳定保障。厨务营运现场有四条品控线路，包括冷菜品质、热菜品质、面点品质、汤菜品质控制等内容。

厨务管理人员对厨务营运现场品控内容包括十个方面：产品原料精选、产品分量充足、色彩造型诱人、盘饰美观清洁、产品口味纯正、产品温度适宜、产品水份充足、产品搭配合理、产品营养均衡、产品安全卫生。

现场厨务品控，餐饮企业厨务管理人员对厨务营运现场管理厨务品控要遵循：其一，检查工作站运行；其二，发现存在的问题；其三，找出主要的原因；其四，制定解决的办法；其五，拟定解决的程序；其六，按程序解决问题。只有管理人做好应负责的品控内容，营运现场厨务品质才有保障。

【思考·复习】

如何将理念转化为行为？

如何向流程管理要效益?--

如何实施现场厨务品控?--

■ 现场品控功能团队

品控不是个人行为，不是一次行为，不是时有时无行为。如果单靠店长、服务经理、厨务经理进行品控，不但无法保证品质稳定（毕竟高层管理人员的精力有限），而且无法完成本职工作（品控是全部工作的一部分）。

理想的品控作业是建立品控功能团队，通过品控功能团队实施持续品控，这是保证服务品质与厨务品质稳定的前提。品控功能团队虽不像服务组织设计那样有显性架构，但却能围绕品控凝聚与有形组织一样的合力。

1. 全员品质控制实现

关于全员品质控制实现，让我们来分享丰田公司的全面质量管理。丰田公司认为："丰田公司产品的优质品质得益于全面质量管理。丰田公司认为生产系统中的每一道工序和每一个环节都会对产品的制造质量产生影响。在全面质量管理的要求下，'质量要在本道工序制造，下道工序就是顾客，确保下道工序正常作业'的思想意识已经开始深深扎根于丰田公司，扎根于生产现场。"

服务品控实现有两个直接要素，一个间接要素。服务是顾客满意的重要因素，服务品质是顾客感受服务产品的满意程度。服务品控实现的两个直接要素是指服务提供和服务环境，一个间接要素是指厨务生产的精美莱肴，也是通过服务实现的。服务品控有三个规定动作：其一，要控制好服务提供，包括功能服务

提供和心理服务提供；其二，要控制好服务环境，包括显性环境打造和隐性环境打造；其三，要控制好菜肴提供，包括及时、高效、准确提供菜肴。

厨务品控实现有一个直接要素、一个间接要素。产品是顾客满意的决定因素，产品品质是顾客感受厨务产品的满意程度。厨务品控实现的一个直接要素是指制作好吃与稳定的美味菜肴，一个间接要素是指厨务体系与服务体系之间的良好配合。这就需要厨务品控完成两个规定动作：其一，提供好吃与稳定的菜肴，即有完善、高效、优质、稳定的厨务链条支持；其二，与服务体系之间的良好配合，即在分工协作基础上主动配合服务体系，为顾客提供高效服务。

全员品控实现有两个直接要素、一个间接要素。由于顾客评价餐饮企业服务品质是“100-1=0”，所以餐饮企业全员品质控制是实现顾客满意的关键。全员品控实现的两个直接要素是指服务品质控制与厨务品质控制，一个间接要素是指行政品质控制。关于服务品质控制与厨务品质控制，上文已讲述了内容与要点，以及两者之间关系；关于行政品质控制以连锁经营店铺为例，主要是指店长所领导的店铺文员、店铺仓储、店铺财务、店铺维修、店铺保安对业务的支持！

2. 服务品控团队设计

服务品控团队是负责服务产品品质控制的功能团队，团队成员由服务组织成员组成，全体成员参与，即由服务经理、服务副理、服务领班、服务人员组成。因而，要对服务组织成员有效分工，以构建品控功能团队。服务品控团队运行由服务经理负责、服务副理协调、服务领班配合、服务人员实施。

服务经理对营运现场服务品控应做好通盘控制。服务经理主抓三个方面：其一，服务经理在晨会提出品控要求，总结前一天的服务问题，讲述解决方法，这是营运现场品控工作的开始；其二，服务经理在营运现场进行服务流程控制，实施流程管理与瓶颈管理，以保证服务流程稳定与连续运行；其三，服务经理要总结营运现场服务问题，并针对服务问题启动现场训练与应对训练。

【服务经理品控】服务体系不同工作站是否按设定的工作程序运作？服务程序之间衔接是否有不够顺利的间断点位？服务速度、服务技能、服务准确能否让顾客满意？服务人员是否能按照要求做好二次促销推广？

服务营运现场服务标准控制是由不同工作站领班配合实现的。服务领班在服务营运现场通过观察、判断、督导、指挥、协调服务人员，按服务标准要求完成工作站的服务设计，发现服务偏差应及时纠正。工作站领班还要注意与其他工作站之间的链接与合作，这需要领班具有良好的沟通能力。

【服务领班品控】服务领班品控要点如下：服务人员是否执行正确服务程序？服务人员工作技能是否非常熟练？服务人员工作技能是否完全正确？服务人员工作是否运用服务技巧？服务人员是否按规定完成作业？

服务营运现场工作人员是服务的提供者，服务人员提供是指将服务内容、服务流程、服务标准具体提供，并按规范操作，以保证服务品质的稳定生产。同时，要接受服务经理与服务领班的现场指导，以提升服务效率。

3. 厨务品控团队设计

厨务品控团队是负责厨务出品控制的功能团队，成员由厨务组织部分成员组成，全体成员参与，即由厨务经理、厨务副理、厨务领班、厨务人员组成。因而，要对厨务组织成员有效分工，以构建厨务品控功能团队。厨务品控团队运行由厨务经理负责、厨务副理协调、厨务领班配合、厨务人员实施。

厨务经理对营运现场厨务品控应做好通盘控制。厨务经理主抓包括以下三个方面：其一，厨务经理应在每日晨会布置准备工作，开餐前进行餐前检查；其二，开餐期间厨务经理主要控制出品速度、顺序、品质；其三，厨务经理应总结营运现场厨务品质问题，通过现场训练与持续训练解决问题。

【厨务经理督导】厨务经理督导着重控制切配人员、烹制人员、打荷人员的操作规范、出品顺序、出品速度，以及对问题菜肴的处理；调动操作人员的积极性和正面情绪，保证出品稳定，对有疑问菜肴抽检处理。

营运现场厨务领班对出品品质控制有重要作用。厨务领班通过观察、判断、督导厨务人员按厨务设计（工作内容、工作流程、工作标准）完成工作站的工作内容（一个工作站就是一个品控环节），发现偏差并及时纠正。厨务管理人员应当知道，虽然有标准，但按标准作业绝非易事，因而要强化督导。

营运现场厨务人员是执行者与操作者，厨务人员要按厨务设计（工作内容、工作流程、工作标准）规范岗位的工作作业。对中式餐饮企业来讲，厨务生产还处在手工操作阶段，因而厨务人员工作态度对厨务品质影响非常关键。厨务人员在厨务营运现场作业还要接受来自厨务经理的调配和指导。

品控功能链条运行承载着职位链条责任、岗位链条责任、任务链条责任、出品品质责任、顾客满意责任，因而可导入品质管理追溯功能，不但能在现场品控功能链条发现问题，而且能在第一时间找到责任人查明事件的原因。牢记：

品质控制是由品控功能团队构成的品控功能链条的工作与责任！

【思考·复习】

为何要设计与实施全员品控？

如何设计服务品控功能团队？

如何设计厨务品控功能团队？

■ 服务品控刚性链条

服务品控与厨务品控功能团队运行的目的，旨在保障服务品质和厨务品质的稳定性。但只有好的服务品质或厨务品质并不一定满足顾客对品质的需求，因为顾客是从综合与整体角度来衡量服务品质与厨务品质的。

营运现场品控是由服务品控团队与厨务品控团队相互链接、相互协调、相互支持构成的品控链实现的。品控链的刚性能从功能上保障品控的实施，为此，应把握：组织设计链接、体系设计链接、方法设计链接保障。

1. 组织设计链接保障

营运现场品控链条应从组织上链接，这不但要求有成型的品控功能团队（组织行为），而且要求服务经理与厨务经理负责。因为品质问题涉及到餐饮企业的经营理念，所以品质问题从来不是小问题，服务体系与厨务体系经理人负责品控，能够从整体、高度、协同层面提升品控链条运行效率。

组织架构设计的规范化是保障组织运行效率的基础，任何不规范的组织架构设计都会给组织运行造成低效的损失。组织架构设计是以组织运行效率最大化为目的。组织目标设计实现是对目标进行分解，并把目标落实到不同岗位，这就是人们所常说的组织保障。没有组织保障，任何目标实现都会落空。

组织架构是指通过界定组织资源与信息流动程序，明确组织成员之间相互关系，使组织成员明确在组织中具有什么位置、拥有什么权力、承担什么责任、发挥什么作用的约定性框架。组织架构设计的目的，是通过约定性框架导入，保证组织资源与信息流通的高效有序。组织应掌握架构设计技术。

餐饮企业对品质控制的理解往往会出现以下误区：

其一，是由厨师长全面负责品控，厨师长既负责不好，也负责不了；

其二，成立专门的品质控制部门，实际上品质应在生产链条中实现；

其三，非组织行为不是持续行为，没有计划、没有系统、没有执行；

其四，品质出现问题以惩罚为主，事实证明惩罚并没有罚出高品质；

其五，品质没有问题就默然视之，认为品质管理不是问题、不够重要。

营运现场品质控制从组织职务链接，能确保品控团队的分工与协作，使品控链条的不同环节各尽其责，以分派与执行品控作业。经理人的品控作业着重检查与督导，副理的品控作业着重协助和解决，领班的品控作业着重指导与补位。这就从组织职务链接上，为品质控制实施夯实了具体实施人基础。

从店长到服务经理、厨务经理，从服务经理到服务领班，从厨务经理到厨务领班，既是职务等级设计，又是职能等级设计。由于不同职务等级有不同职能等级，因而在实施层面就包括全局品控（服务经理、厨务经理）、局部品控（服务副理、厨务副理）、具体品控（服务领班、厨务领班）三个层次。

2. 体系设计链接保障

体系能够对品质提供系统化的支持，营运现场服务品控是通过服务体系设计由服务功能团队实现的，厨务品控是通过厨务体系设计由厨务功能团队实现

的。因而，营运现场品控链条管理不但强调服务体系、厨务体系的理性运行，而且强调两大体系和谐，以确保从体系链接设计实现品质的零缺陷。

服务体系品控保障旨在实现零缺陷服务、百分百顾客满意的服务目标。为实现服务目标，我们要讨论服务品控体系内容。如何规避餐饮企业对品质控制的误区，品控不仅是服务经理的个人行为，品控是否需要设计独立的品控部门……这些问题需要有解。当然，解决问题的逻辑思路是“体系支持 + 品控团队”！服务体系包括服务组织体系、服务训练体系、营运管理体系……体系具有稳定性、复制性、持续性的特点；所谓品控团队是指专门执行品质控制的功能团队，虽然在正式组织图中品控团队没有标注，但组织的竞争力恰恰就在这里。

厨务体系品控旨在实现产品品质的数量指标和与质量指标。产品是餐饮企业盈利三大因素中的决定因素，产品是能让顾客回头与持续回头的强势理由，产品品质是餐饮企业持续发展关键中的关键。显然，厨务品控的逻辑思路是，除了“体系支持 ＋ 品控团队”以外，还要强化标准作业、链条控制、督导控制。导入标准作业目的旨在实现通过阶段标准最终实现总体标准，牢记标准化是一个过程，关键是在观念上理解与认同；导入链条控制目的旨在通过下个工作岗位，不但使用上个岗位的半成品，而且负责检查与验收上个岗位的出品品质；导入督导控制的目的旨在强化厨务营运现场管理团队对出品品质的监督与指导。

两大体系链接保障，旨在实现服务品质与厨务品质追求卓越、至善尽美的境界。服务品控体系与厨务品控体系内部最优不是最优，两大体系总体最优才是最优。因为顾客对品质评价是总体评价、是总体感受，所以要确保两大体系整体最优。为此应把握：实现厨务出品最优，制定衡量厨务品质的评价指标；实现服务品质最优，制定衡量服务品质的评价指标；实现两大体系最优，制定两大体系和谐的评价指标；顾客总体感受最佳，建立与顾客沟通反馈直接通路。

3. 方法设计链接保障

无论服务体系品控还是厨务体系品控，在导入品控功能团队运作的前提下，既要确保两大体系目标高度统一，又要确保方法高度统一。因而，需要从方法设计上保障两大体系内部与两大体系之间的品控方法链接。

营运现场监督是品质控制的有效方法之一，强化营运现场监督旨在实现规范营运现场秩序的目的。营运现场监督有方法、有工具、有训练。方法是指经理人与管理人锯掉椅子背，实施现场走动式的监督管理，发现苗头及时修正、发现问题及时改正、发现误区及时补救；工具是指经理人与管理人运用已经设计好的监督工具，在营运现场实施走动式的监督管理过程中运用工具进行分析、评价、监督；训练是指经理人与管理人实施现场走动式监督管理要经过严格训练。不但如此，营运现场监督作业应占经理人与管理人走动式管理精力的40%。

营运现场指导是品质控制的有效方法之二，实施营运现场指导旨在提升营运现场效率。经理人与管理人员在实施营运现场走动式监督管理过程中，会发

现各种各样的苗头、问题、误区，如何区分与处理所发现的苗头、问题、误区，既取决于对经理人与管理人员的训练，又取决于经理人与管理人员的经验。当然，经理人与管理人员要在营运高峰期前与营运高峰期后，根据问题等级设计来实施指导，在营运高峰期中要坚持为顾客提供定制式的服务。营运现场指导应占经理人与管理人员现场走动式管理精力的40%，只有这样才能使监督和指导实现平衡！

营运现场实操是品质控制的有效方法之三，实施营运现场实操旨在弥补营运现场缺陷。经理人与管理人员在实施营运现场走动式监督管理过程中会发现误区，解决误区的有效方法是及时操作、及时更正、及时补救。这就要求经理人与管理人员既具备营运现场监督与指导能力，又具备营运现场实操与示范能力。当然，经理人与管理人员营运现场实操是在营运高峰期繁忙阶段，当所有工作人员都在一线作业时，实操补救比监督指导更有价值。营运现场实操应占经理人与管理人员现场走动式管理精力的20%，只有这样才能实现监督、指导、实操平衡！

【思考·复习】

如何设计组织链接保障？________________________________

____

如何设计体系链接保障？________________________________

____

如何设计方法链接保障？________________________________

____

■ 服务品控柔性链条

品控刚性链条是从显性功能方面保证服务品质与厨务品质的实现，品控柔性链条是从隐性功能方面保证服务品质与厨务品质的实现。品控柔性链条更强调营运现场品控团队成员之间的软性因素链接、传递、影响。

1. 品质控制理念约束

把事情做正确，把事情重复做正确，把事情持续做正确，需要理念支持与约束！把事情一次做正确并不难，把事情重复做正确也不难，把事情持续做正确就很难！这其中除了需要职业训练和专业素养外，更需要工作态度和工作信仰，没有职业态度和工作信仰，把事情持续做正确就成为天方夜谭！

品控理念支持是指对品控功能链条运行的信念支持，旨在从理念与信仰层面提升品控水平。因为“下一个环节就是顾客，不是精品就是废品”的理念，不但能使不同工作环节的品质水平达到要求，而且能为下一个环节的品质保障提供支持，从而实现品质水平的链式传递。如果工作人员都坚信一个环节出现差错，不但会导致下个环节的失误，而且会使整个链条运行出现次品的逻辑推论，那么工作人员会高度重视与做好本环节、本岗位、本工作具体作业。

品控理念约束是指对品控功能链条运行约束与支持，对品质控制理念的深刻认识是理念支持的前提。要将理念转化为对行为的约束还需要培训与教化，当然培训与教化要讲述价值观念、道德准则、行为规范，只有这样才能够实现在理念的指导与约束下，让工作人员能够自觉自愿工作的境界。

品控危机意识传递的目的，是让工作团队与管理团队意识到，如果你不能保持品质、达到品质、实现品质，你就等于把餐饮企业推向了危机边缘！因而，服务营运现场品控经理人与管理人员对品控危机意识的传递非常关键。危机意识传递能够提升服务营运现场工作人员对品质的责任感（丰田汽车公司现场设置吊挂的绳子不但传递着品控危机意识，而且是品质控制工具）。当然，危机意识传递、危机责任设计、绩效考核管理之间相结合，才能够收到理想的效果。

2. 管理人员自律的约束

服务营运现场品质控制是通过经理人与管理人员对品质管理实现的，因而经理人与管理人员的一举一动会影响品质控制的实际成效。经理人与管理人员应理解与掌握：

自律与身教是管理的有效方法。常言道："有什么样的将军就有什么样的士兵！"领导风格、工作态度、工作行为直接影响下属行为。自律是经理人与管理人员从职业角度对自我要求。在工作自律上山姆·沃尔顿说："如果你热爱工作，你每天就会尽自己的能力求完美，而不久你周围的每个人也会从你这里感染到这种热情。"经理人与管理人员的身教，能够深刻地影响下属的工作行为。

人治与法治是有区别的，人治靠人，具有一定的灵活性与机动性；法治靠制度，具有相对的稳定性与透明性。人治管理与法治管理各有特点。经理人与管理人员最佳管理方法是以法治为基础，在法治基础上实施人治。所谓法治是制度管理，所谓人治是情感管理。餐饮企业初创阶段要调动人的潜能，以人治管理为主；餐饮企业成长阶段、成熟阶段、稳定阶段要运用其他管理模式。

信任与激励是管理的有效手段，信任是重要的激励方法，服务营运现场品质管理，经理人与管理人员对下属的信任很关键，因为服务营运现场品质管理实施检查与督导会直面员工。如果监督与指导比例有问题，会导致下属产生不被信任的感觉，即使服务营运现场品控管理发现员工失误与过错，也应强调修正与纠正。牢记：解决问题不是目的，杜绝类似问题再次产生才是目的。

管理包括管理他人和自我管理。遗憾的是，在管理专著中管理他人的著作很多，自我管理的著作鲜有；管理他人的著作面面俱到，自我管理的著作内容甚少；管理他人的著作条条是道，自我管理的著作内容浅显。在这样的背景下，导致了管理他人与自我管理比例关系失衡，使经理人与管理人员缺少自我管理！

3. 顾客满意度的约束

品控链条运行目标是让顾客满意，没有顾客满意，就没有回头客、忠实顾客、最佳顾客；没有顾客回头，餐饮企业永续经营就成为无源之水、无本之木。显然，品控理念是企业的经营价值，品控链条是品控的实现工具，顾客满意是品控的目标设计！因而要关注顾客感受、顾客满意、顾客评价。

笔者在重庆光临了一家名叫1902，经营谭府菜的餐饮企业，服务是酒店模式。让笔者记忆犹新的是：用餐完毕服务人员递上印刷精美的顾客调研单，简洁实用、精细精美、标题醒目，一行“相信我们会做得更好”的导语，既阐述了对顾客尊敬，又诉求着再给我们一次机会的含义！

面对这样的调研单，让笔者对这家餐饮企业肃然起敬！让我们一起设计调研单：

是您的意见与建议才使我们能不断进步！

产品评价	**优**	**良**	**中**	**差**
产品味型				
产品温度				
投料数量				
原料组合				
菜肴卖相				
菜肴盘饰				
菜肴价位				
出品顺序				
总体感受				
服务评价	**优**	**良**	**中**	**差**
服务态度				
服务知识				
服务行为				
服务技能				
服务训练				
服务内容				
服务流程				
服务标准				
服务速度				
环境评价	**优**	**良**	**中**	**差**
装修环境				
装饰环境				
文化环境				
色彩环境				
照明环境				
温度环境				
湿度环境				
音乐环境				
私密环境				

您的姓名：________

联系方式：________

“知道不如得到，得到不如做到，做到才有收获，才能了解顾客真实感受，修正企业自身不足”。这样既能让企业每天进步一点，又能让顾客满意增加一点。当然，餐饮企业还可以设计其他类别与顾客沟通的有效方法！

【思考·复习】

如何设计品质控制理念约束？

如何实施管理人员自律的约束？

如何导入顾客满意度的约束？

第八章

清洁安全控制——现场管理任务之Ⅳ

对餐饮企业来讲，所有服务设计与厨务设计都是在特定环境下实现的，环境清洁与安全既影响服务品质和厨务品质，又影响顾客就餐感受。因而，服务营运现场管理清洁与安全控制是现场管理工作五大任务之一。

清洁安全控制要有清洁安全理念！理念是一种信念、一种意识、一种追求，不是能在短时间内建立起来的。管理人员既要树立清洁安全理念，又要在服务营运现场持续传递清洁安全理念，不能只靠规范和措施约束！

环境清洁理念设计

服务是重要因素、环境是关键因素、产品是决定因素，这是餐饮企业盈利的黄金法则。今天，顾客就餐不但讲究产品本身的美味、营养、健康，而且讲究就餐环境。典雅的就餐环境如果没有清洁保障会大打折扣！

1. 顾客对环境的感受

用餐环境是顾客用餐选择的一大要素。餐饮企业用餐环境清洁与卫生品质，直接影响到顾客消费心理、消费欲望、消费感受，清洁与卫生的用餐环境能让顾客吃得放心、吃得顺心、吃得开心。如果餐饮企业只提供良好的出品、良好的服务，而缺少良好的环境，仍会使顾客用餐留下较大的遗憾！

【关于外部环境清洁请思考】远看餐饮企业外部环境装修装饰得体，颇吸引顾客的眼球（今天餐饮企业已懂得视觉冲击并已运用注意力经济）；近看门前地面有垃圾、门窗不清不洁……顾客在失望之余会对餐饮企业出品产生“联想”，这种联想或者让顾客“望而却步”，或者会伴随顾客就餐全过程。

既然餐饮企业环境清洁与卫生品质会直接影响顾客消费欲望与消费感受，那么顾客用餐关注哪些重点呢？笔者认为环境清洁包括：

顾客对环境清洁要求的逻辑顺序之一是三个界面清洁，即台面清洁、椅面清洁、地面清洁。尽管这是顾客对可感受环境清洁的最低要求，但是很多餐饮企业并没有做到这一点！这其中既有人员素养问题，又有专业训练问题，还有制度约束问题。具体表现在：铺台布的餐饮企业台布本身坏损，椅面没有关照、地面上有杂物；不铺台布餐饮企业台面清洁欠佳，椅面没有擦拭、地面上有杂物……由于诸多原因，很多餐饮企业清洁与卫生没过三个界面清洁这一关！

顾客对环境清洁要求的逻辑顺序之二是餐具酒具清洁，尽管这是顾客对可

感受环境清洁非常重视的环节，但诸多餐饮企业并没有达到顾客预期！具体表现在：餐具酒具不配套、餐具酒具的坏损、餐具酒具有污渍、餐具酒具不清洁、酒具带有异味，造成这些问题的原因既有餐具管理问题，又有洗消训练问题，还有制度缺憾问题。经理人应读懂顾客要换餐具与酒具、顾客抱怨餐具与酒具残缺的原因，前者是对餐饮企业清洁不信任，后者是对餐饮企业不满意。

顾客对环境清洁要求的逻辑顺序之三是洗手间的清洁，尽管这是顾客对可感受环境清洁高度重视的环节，但是很多餐饮企业还是没有达到顾客预期！具体表现在：前室的地面湿滑、洗手台面水渍污渍、化妆镜面水渍污渍、洗手液配置的缺失、洗手间的通风不良、洗手间的排风不良、洗手间的清洁欠佳……这一切使顾客对餐饮企业的评价大打折扣！洗手间是餐饮企业展示文明、体现人文、诉求清洁关键中的关键。若缺少专业训练、缺少制度约束、缺少现场督导、缺少工具评价，无论洗手间的硬环境多么出众，软环境还是达不到顾客的要求！

2. 企业对环境的诉求

环境是餐饮企业实施顾客维系的重要因素。因为环境清洁与卫生品质直接影响着顾客心情、人身安全、就餐心理、综合感受，所以清洁环境与卫生，既能保证顾客用餐良好感受，又能提升现场工作人员工作效率。

【关于内部环境清洁请思考】服务人员当着顾客清台，不专业的程序与手法让顾客大倒胃口；收台后装有残食、餐具、酒具的残食盒，仍滞留在服务营运现场；服务人员不良卫生习惯严重损害着餐饮企业环境清洁与卫生形象；洗手间下水工程设计与施工问题，导致餐饮企业就餐环境异味孳生。

强化收台训练对生意火爆的餐饮企业尤为重要，因为生意火爆使午市经营与晚市经营会出现翻台现象，所以工作人员当着顾客面完成收台与布台工作，既体现餐饮企业专业水平，又直面顾客第一印象评价。餐饮企业收台顺序分为五个步骤，即收拾台布布巾、收拾小件配件、收拾酒具饮具、收拾公共餐具、收拾顾客餐具。餐饮企业通过训练要坚持不妥协地执行步骤与标准！

残食迅速归位对火爆经营的餐饮企业同样重要。在我们强调收台顺序与要求后，还要强调将分类码放的残食盒迅速送到洗涤间洗消。既为现场环境清洁夯实前提，又为餐具酒具补充夯实基础。当然，由于过分强调抢生意、洗消间码放容量、洗消间洗消速度会受到制约与影响，很多餐饮企业把收台后的残食盒顺势摆在了楼道两侧，既不雅观又不清洁。牢记：类似问题是要解决的！

不良习惯修正对任何餐饮企业都同样重要，21世纪由于服务员难招、管理人员难招、经理人难招，使很多餐饮企业人员上岗来不及严格训练就进入了角色。因而，不良习性没有修正，直接影响着顾客对餐饮企业的正面评价。不良习惯包括：传菜时不按要求用托盘传菜，直接用手接触；上菜落菜时服务人员手部与餐盘接触太深；服务人员盯台服务时缺少工具用具的运用；服务人员操作没规定如何拿干净餐具用具；服务人员操作没有规定如何收餐具残食、残渣……

【案例分析】餐饮企业内部环境清洁容易被忽视的角落是下水工程，以餐饮企业洗手间环境清洁为例：洗手间的装修豪华、洗手间的配置到位、洗手间的用材质优……但一路过洗手间就有扑鼻的异味。虽然服务管理团队与工作团队也采取了很多措施，但洗手间环境清洁问题始终没有解决。实际上这是项目营建问题，即洗手间的洗手盆下水没有回形工艺、没有形成水封，造成与下水道直接对接，使下水道异味反上来，这就是路过洗手间闻到扑鼻异味的原因。

3. 清洁工作人人有责

清洁不但是清洁人员、服务人员、管理人员的工作，而且是餐饮企业所有工作人员的责任。要坚持不妥协地向不清洁挑战！营运现场清洁与卫生管理，应做到随时进行清洁、随地进行清洁、人人进行清洁的境地。

随时进行清洁是指清洁工作不是要留到某一时间一起去做，环境清洁与卫生要随时清理、随时清洁，当然个人卫生也是如此。以每日洗手为例：每天上岗之前要洗手，做完清洁后要洗手，接触食品前要洗手，去洗手间后要洗手，接触不洁物质要洗手……这些不是简单要求后就能持续做到的！

随地进行清洁既是分工要求，又是人的责任。作为分工要求区域清洁要接受检查，作为责任每个人都有维护清洁水平义务！每个人都有义务是指总经理、营运总监、营运督导、店铺高层都有维护清洁水平义务。

【案例分析】营业区域地面有纸屑与杂物，第一位服务人员看见了却走了过去，第二位服务人员亦是如此，第三位路过时经理人不得不叫住服务人员捡拾纸片与杂物。试问：服务人员这样的心态与行为如何保证清洁品质呢？牢记：清洁工作已不是个人责任，而是人人有责任，看到就要马上行动。

人人进行清洁是指清洁工作不是你要求他人去做，作为经理人与管理人员应当身先士卒去实践。麦当劳的创立者雷·克洛克走进任何一家连锁店，总是自觉拣拾与清理地面的杂物和垃圾；考夫斯湾麦当劳的经营者克里斯·辛普森先生，有一次在连锁店铺召开的晨会时注意到停车场有狗粪，参会者惊讶地看到克里斯先生立即拿起铁锹与扫把，走出去亲自清理了污物后才开晨会。

【小结】随时进行清洁、随地进行清洁、人人进行清洁是餐饮企业应有的清洁理念。香港五常法、上海6T实务也都作了描述。服务营运现场经理人与管理人员“以身作则”的示范作用对服务人员有潜移默化的感召力。牢记：餐饮企业向顾客出售的不只是食品，还包括环境、服务、时间，要保证环境品质就要把清洁做到位。这一点国际快餐公司、酒店公司都为我们做了典范！

■ 环境清洁工作控制

营运现场清洁工作控制是指在清洁工作计划设计基础上，进行营运现场清洁督导工作，旨在实现营运现场理想的清洁与卫生水平。

1. 清洁工作计划设计

餐饮企业营运现场清洁水平保持，不能简单归结到现场清洁工作的操作上，而要归结到清洁工作的设计上。理性的清洁工作设计是对清洁工作范围、时间要求、清洁次数、评价指标的界定，清洁工作从计划开始。

每日清洁设计是指服务体系每个工作站都应执行的清洁次数与清洁要求，是保障环境清洁的关键。每日清洁工作是指工作人员在工作岗位上、在工作时间内每日必须进行的清洁工作要求。按餐饮业的惯例，每个饭市至少有三遍清洁，即餐前一遍清洁、餐中随时清洁、餐后彻底清洁。如果餐饮企业经营午市和晚市两个饭市，那么，服务营运现场至少应完成6次每日清洁要求！

定期清洁设计是指服务体系每个工作站在设定时间内，应完成的清洁内容与清洁要求。定期清洁能够避免餐饮企业出现卫生死角。定期清洁是以周为单位，运用定期清洁表确定每日应完成的定期清洁内容，以保障餐饮企业的整体清洁水平。定期清洁设计能保证工作环境、用餐环境、设备设施在一周内至少能够有一次彻底清洁，在一个月内至少能清洁四次的清洁工作安排。

服务体系清洁工作范围设计包括三个区域，即工作区域清洁、公共区域清洁、功能区域清洁。其中，三个区域清洁有不同作业重点：工作区域清洁范围是指每个工作站所属的区域清洁，公共区域清洁范围是指公共公用部分所属的区域清洁，功能区域清洁范围是指备餐间、洗涤间所属区域清洁。

清洁督导设计是要确保清洁工作有效实施。诸多餐饮企业对清洁工作理解还在清洁范围设计上，清洁督导设计则是空白。清洁督导设计包括：清洁监督设计（监督框架、监督程序、监督要求）、清洁指导设计（指导时机、指导流程、指导要求）、清洁评价设计（评价体系、评价流程、评价要求）。

2. 现场清洁督导作业

营运现场清洁督导作业有三条主线：一是监督线，二是指导线，三是评价线。监督是为了发现问题，指导是为了解决问题，评价是为了改进问题。营运现场清洁督导作业设计，是在营运组织设计框架下所实现的。

工作站领班检查是指由工作站领班负责的清洁工作检查，是最基础的实操性工作检查。对于每日清洁，应按既定要求指导员工在工作中完成清洁任务；对于定期清洁，应按定期清洁要求指导员工完成定期清洁任务。

【以服务现场清洁督导为例】由服务工作站领班指导、跟催服务人员实施清洁工作内容设计，并坚持不妥协地执行餐前彻底清洁、餐中随时清洁、餐后彻底清洁要求。

管理组专门巡检是指管理组现场清洁督导作业重点部位检查。重点部位是指公共区域及敏感区域，如：公共大厅、公共通道、楼梯区域、拐角区域，现场清洁督导作业值班经理要在营运高峰前、营运高峰后按要求运用检查表按时段检查重点部位；营运高峰期按时段设计检查重点部位并做评价。

现场清洁训练是指发现营运现场清洁问题，由经理人与管理人员所做的个体与全体指导，应注重时机把握与方式运用两大操作要素。

对个体指导是针对个性问题及个别员工所做的指导，对全体指导是针对共性问题及多数员工所做的指导；时机选择以不打乱营运现场工作秩序为宜，牢记：营运现场满足顾客需求是第一位的，其他工作属第二位。

个体指导与全体指导在选择时机基础上，经理人要做的是运用营运现场情景教育。所谓情景教育是指针对现场苗头与问题，亲自示范与讲述企业要求与标准，在营运现场第一时间使苗头与问题得到修正和改进。

理念传递莫过于经理人的现场身教，经理人要用行动向员工讲述什么是清洁标准、什么是企业能够接受的标准、什么是企业的唯一标准，只有坚持不妥协地执行标准，才能将理念转化为行为、将行为转化为习惯！

3. 清洁操作方法训练

清洁训练目的是让员工掌握清洁方法、程序、标准。清洁训练包括个人清洁训练、每日清洁训练、定期清洁训练三个方面。很多餐饮企业已重视每日清洁训练和定期清洁训练，但对个人清洁训练力度还有待提升。

【案例分析】国际公司清洁训练除了有训练投入外，还有经济指标，即清洁费用在每百元营业额中占的比重。让我们观看以下清洁工作行为：工作站员工左手拿着喷瓶，右手拿着毛巾，餐台收拾完毕后用喷瓶均匀喷洒桌面，确保洗涤液均匀喷洒台面并停留一分钟以上，再用清洁手布擦拭台面。

个人清洁训练是针对员工个人卫生的训练，旨在使员工个人卫生符合岗位工作的要求，并注重作业细节规范（餐饮企业缺少这种理性到位的训练）。个人清洁训练有手部清洁训练，您企业这样训练员工正确洗手吗？

洗手步骤训练：用清水洗湿手部，按 1 次洗手液分配器，手部导入 1 毫升清洁液，均匀地揉搓手部，确保清洁液在手部停留 1 分钟以上，清水冲洗手部直至小臂部，干手器风干或自然晾干（具体揉搓手法见图示）。

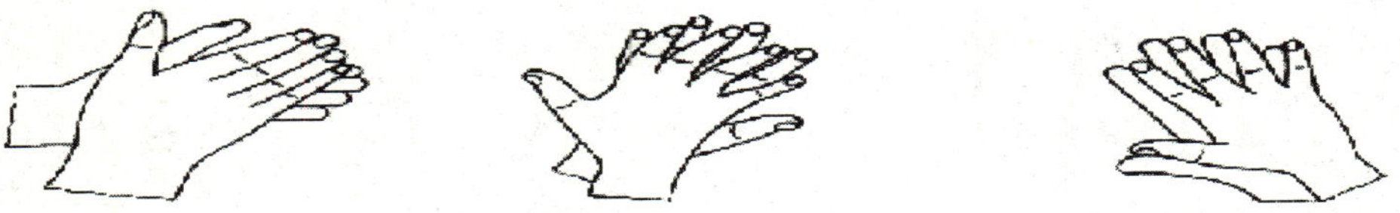

掌心对掌心搓擦　手指交错掌心对手背搓擦　手指交错掌心对掌心搓擦

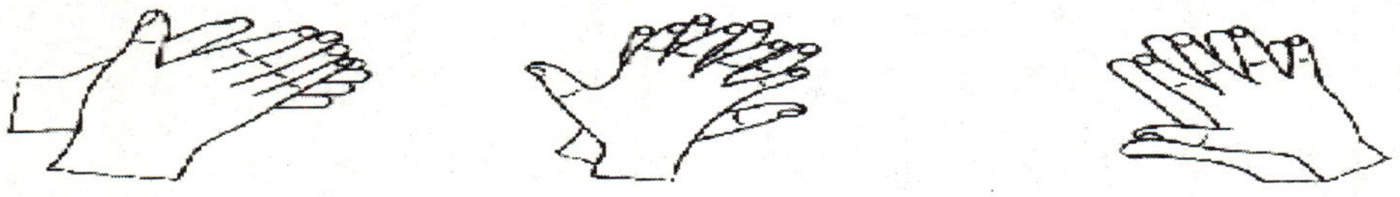

两手互握互搓指背　拇指在掌中转动搓擦　指尖在掌心中搓擦

【小结】环境清洁工作控制包括：清洁工作计划设计、现场清洁督导作业、清洁操作方法训练三项内容。其中，清洁工作计划设计是环境清洁工作控制的前提和基础；现场清洁督导作业是环境清洁工作控制的执行和保障；清洁操作方法训练是环境清洁工作控制的传承和支持，三者都不能少。

■ 现场安全理念设计

餐饮企业安全工作是关系到企业命运、顾客利益、员工利益的大事。安全工作包括：消防安全、财产安全、人身安全、心理安全。

1. 安全理念内容阐述

安全管理是餐饮企业营运现场不可或缺的工作内容，安全管理能为顾客、为员工、为企业提供安全的就餐环境、工作环境、安保环境，安全管理涉及到顾客、员工、企业的切身利益，是餐饮企业营运现场的大事。

安全影响顾客的满意度，设想如果企业就餐秩序混乱、偷窃案件频发、各种隐患不断，顾客安全没有保障，怎样会有顾客满意呢？

安全影响员工的积极性，设想如果防范保护措施不力，工伤事故不断，很难使员工以乐意态度为顾客服务，更谈不上星级服务了！

安全影响企业经济利益，企业损失既表现为有形经济损失，又包括无形声誉损害，今天，顾客已把安全列为选择就餐的重要因素。

安全无小事，安全应以预防为主！安全第一、生产第二是生产型企业倡导的安全理念，餐饮企业应借鉴这种理念。营运现场管理人员应该树立安全理念，清醒地认识到未发生安全问题并不意味着安全管理没有必要。

营运现场管理人员应清醒地认识到，就餐环境、工作环境、安保环境在服务营运现场管理中的重要性。切记：安全无小事，安全应以预防为主，实施事前控制为上策；以营运现场管理为主，实施过程控制为要点。

【案例描述】2004 年 12 月 18 日，坐落于吉林省长春市绿园区东风大街上的万沅餐饮娱乐有限公司七楼厨房脱排系统排烟管道因长时间不清洗，导致油污积储过多，由于当天万沅餐饮娱乐有限公司接到两份婚礼定单，在加工婚礼宴席时用火过量、过猛引起了火灾。发生经济损失达 28 000 元。

【案例分析】如果对脱排烟罩与排风管道有定期清洁，火灾是完全可以避免的。正因为既没有每日清洁设计，又没有定期清洁保障，才使油烟日积月累成油垢，一旦灶头用火过猛，会导致脱排烟罩与排风管道失火。须知排风管道失火很难扑救，会沿管道烧向顶部，给餐饮企业所在物业造成巨大损失。

2. 安全措施内容设计

餐饮企业经营安全措施设计如同自动电表上的保险丝，当出现异常时保险丝会自动融断以避免线路走火。安全措施能确保事前做出提醒，事中及时补救。安全措施设计既包括物理层面内容，又包括心理层面内容。

消防安全措施

针对餐饮企业发生火灾原因，资深消防人士总结出以下几点：一是脱排系统清洁，如果脱排系统长时间不清洁，油污积储过多、用火过量会引起火灾；二是装修建材问题，使用未经消防机关批准的大量易燃可燃材料会留下火灾隐患；三是电器使用问题，私拉乱接电线，使用大功率电器设备设施……导致线路或电器设备设施短路起火；四是煤气罐的加热，不按规定要求使用液化石油气罐及易燃易爆设备所引起的各类火灾；五是违反规则操作，餐饮企业工作人员消防安全教育不够，从业人员违反消规引发火灾。每条原因都是教训的总结。

餐饮企业要针对火灾要因设计安全措施：定期清洁厨房脱排系统和烟道；危险区域应设置不准吸烟标志；操作过程中工作人员不能离岗；严格执行设定的安全操作规范；规范操作行为，避免操作失误；消防设施配置与消防团队组建；消防安全意识和消防安全教育；消防安全检查与消防隐患排除。

防盗安全措施

顾客就餐丢失财物、企业精致器皿丢失、收银区域现金被窃……餐饮企业防盗工作不但要面对外部盗窃，而且要面对内部失窃。

内部防盗措施包括员工预防教育（企业明确对偷盗制裁措施与处罚方法，直至追究刑事责任）、内部举报制度（鼓励内部举报制度，对举报人既保护又奖励）、内部安全调查（对员工异常举止、反常现象保持警觉，以防患于未然）、内部规范管理（严格执行制度、规范、规定，以约束员工行为）。

外部防盗措施包括电子防盗系统（电视监控系统、电子报警系统、录像防范系统应对盗窃）、门窗开关管理（做到专人、专职、定时，人员变动按程序交接管理）、高效保安体系（建立高效的保安巡逻制、保安轮调制、保安考核制）、保持现场警觉（注意营运现场各种异常情况的发生，以防患于未然）。

心理安全措施

心理安全是指从顾客进入餐饮企业，对环境、设备、产品、服务的信任感。有时顾客虽未受伤害、财产也未受损失，但却有不安全的威胁感，由此导致恐慌心理。餐饮企业应提升就餐环境安全指标，消除不安全心理。

顾客就餐产生的不安全心理，虽然不会对餐饮企业营运现场工作产生影响，但却影响顾客就餐心理感受，决定着顾客就餐综合体经验。餐饮企业应如何为

顾客提供心理安全？这不是一个部门、一个环节、一个人的事情，而是餐饮企业硬体环境设计与软体环境设计给顾客提供的安全感与信任感。

3. 安全责任链条设计

安全没有小事，安全人人有责。餐饮企业营运现场应建立健全各项安全责任指标，明确工作站、工作岗位人员的安全责任。不但如此，还要设计经理人与管理人员安全责任指标，以打造由服务经理、服务副理、服务领班、工作人员构成的安全责任链条，这是餐饮企业安全任务与措施实施的保障。

服务经理责任是指对餐饮企业总体服务环境承担的安全责任。在事前准备现场、事后收市现场对工作人员和餐饮企业财产安全负责，在事中营运现场对顾客人身、工作人员、餐饮企业财产安全负责。关于对顾客人身安全、工作人员安全负责，可设置显性衡量指标；对餐饮企业财产安全负责，除了设置显性指标以外，还要设置资产清单细目，及定期盘点、定期清理、定期评价措施。牢记：服务副理是协助服务经理对餐饮企业总体服务环境承担相应安全责任。

服务领班责任是对餐饮企业局部服务环境（工作站）应承担的安全责任。

在事前准备现场、事后收市现场对餐饮企业局部服务环境（工作站）工作人员和餐饮企业财产安全负责；在事中营运现场对餐饮企业局部服务环境（工作站）的顾客人身、工作人员、餐饮企业财产安全负责。关于对顾客人身安全、工作人员安全负责，可设置显性衡量指标；对餐饮企业财产安全负责，除了设置显性指标外，还要设置资产清单细目与定期盘点、定期清理、定期评价措施。

工作人员责任是指对餐饮企业具体服务环境（工作岗位）应承担的安全责任。在事前准备现场与事后收市现场，工作人员对餐饮企业具体服务环境（工作岗位）的财产安全负责；在事中营运现场，工作人员对餐饮企业具体服务环境（工作岗位）的顾客人身与企业财产安全负责。关于对顾客人身安全负责，可以设置显性衡量指标；对餐饮企业财产安全负责，除了设置显性衡量指标以外，还要设置资产清单细目与定期盘点、定期清理、定期评价综合衡量措施。

【小结】现场安全理念设计包括安全理念内容阐述、安全措施内容设计、安全责任链条设计。其中，安全理念内容阐述涉及顾客、员工、企业切身利益；安全措施内容设计能确保事前做出提醒和防范，事中做出及时的补救；安全责任链条设计是要建立健全责任指标，确保安全任务的实施。

■ 现场安全工作控制

营运现场安全控制，是在安全工作设计基础上进行营运现场安全督导管理。具体包括：安全设计、安全督导、问题应对三项内容。

1. 服务现场安全设计

安全工作内容复杂，营运现场安全离不开现场安全设计。如同做好一件事仅有热情是不够的，还要有切实的计划与行动去完成。营运现场安全设计旨在将安全工作分权、分责、到位，以有效实施营运现场安全作业。

安全计划设计包括服务体系与厨务体系安全计划两部分内容。计划是店铺安全工作的指导，服务体系安全计划设计是以服务营运现场为核心，强调对顾客安全、人员安全、财产安全的保障设计；厨务体系安全计划设计是以厨务生产过程为核心，强调对人员安全、食品安全、顾客安全的保障设计。

安全训练设计能提升服务营运现场工作人员的综合能力，包括安全理念、安全措施、安全技能三个方面。安全理念训练重在经常性与灌输性功能，安全措施训练与安全技能训练注重实务与注重操作功能。客观地讲，如果没有服务营运现场工作人员的良好素质，再好的安全计划设计也无法落实。

安全督导设计是指设计营运现场安全的管理线与控制线。为此，经理人与管理人员应从安全监督、安全指导、安全评价三个方面来把握。安全督导设计与清洁督导设计虽然架构相同，但内容差异很大。安全督导设计同样也要完成工作岗位作业内容、服务领班指导内容、服务经理监督内容设计。

现场安全提示是指餐饮企业在服务营运现场应设计的醒目安全提示标志，

以警告、指示、禁止、提示所有服务营运现场用餐顾客与工作人员注意确保人身安全、财产安全、工作安全。安全提示标志位置设计包括：服务厅堂地面提示、楼层楼梯拐角提示、地面湿滑区域提示、主题墙身内容提示。

【案例分析】笔者曾到一家餐台交易的快餐店用餐，由于接近收市时间，一部分服务人员保持服务，其他服务人员开始现场清洁。等了几分钟笔者要的产品上来了，突然送餐的服务人员倒下了，菜品也掉到地上，原因是她从湿滑地面走过时滑倒了。当然，无论是服务人员还是就餐顾客，摔倒了都麻烦！

2. 服务现场安全督导

服务营运现场安全督导包括：顾客人身安全、工作人员安全、企业财产安全三个方面。关于用餐顾客人身安全，餐饮企业除了要设计制度性措施约束与规范以外，经理人还要实施服务营运现场安全控制；关于服务人员工作安全，餐饮企业不但要设计制度、流程、规范，而且要强化对工作人员训练，经理人要实施营运现场安全管理；关于餐饮企业财产安全，餐饮企业同样要设计制度、流程、规范，由工作站领班落实、管理组运用安全检查表，进行检查督导。

工作站领班落实是指由服务体系不同工作站领班负责落实安全计划内容，并实施安全督导；管理组专门巡检是指管理组执行安全巡视制度，运用安全检查表进行营运现场检巡。以餐饮企业每日收市安全检查为例：

收市安全检查表

序号	类别	内　容	是	否	备注
①	门的安全问题	后门、侧门是否已经关闭上锁？			
②	窗户是否关闭	窗户是否关好？窗户是否锁好？			

③	收银区域收市	收款机启闭，保险柜是否锁好？			
④	报警系统关注	报警系统是否工作正常的检查？			
⑤	清洁用品库房	清洁用品工具用具是否已收好？			
⑥	设备设施关注	所有设备设施是否已关闭锁好？			
⑦	盘点工作关注	日常盘点工作是否出现大问题？			
⑧	员工行为关注	员工有没有各种反常行为举动？			

《收市安全检查表》的使用告诉我们，一切安全工作都可以通过计划设计变成例行性的工作内容（再一次验证了计划作为第一管理职能价值）。只要对经理人与管理人员有严格的专业训练，只要经理人与管理人员懂得自我管理，只要经理人与管理人员尽职尽责……不安全现象不但可以应对，而且可以规避！

3. 现场安全问题应对

安全问题应以预防为主，营运现场一旦发生安全事故，经理人与管理人员应按既定程序控制营运现场秩序：一要控制影响，并进行内部紧急沟通；二要处理事故，保护当事人权益；三要事后教育，预防事故再次发生。

关于顾客人身安全，不是餐饮企业做了安全设计、现场安全提示、人员安全训练就能避免的。现实生活中，顾客在餐饮企业用餐现场滑倒、摔伤现象层出不穷。以滑倒摔伤为例：虽然餐饮企业对营运现场清洁做了硬性规定，即营运过程中湿拖把不允许进入营运现场；虽然餐饮企业对营运现场做了当心滑倒的安全提示；虽然顾客也注意到安全提示，但还是出现滑倒摔伤事件。

顾客出现滑倒摔伤事件，造成营运现场管理危机。有些顾客在餐饮企业陪同下去医院检查，虽然检查结果显示没有伤筋动骨，但还是提出精神赔偿要求；有些顾客还对企业下了通牒，若不答应要求就向媒体曝光……在此，我们不想论谁是谁非，关键是问题发生后如何解决？如果餐饮企业执行安全事故应对程序，顾客仍提出其他要求，可以启动法律程序，由法院做出最后裁决。

安全事故应对程序

序号	类 别	内 容	备 注
①	迅速安抚顾客	迅速恢复保持营运现场秩序	
②	询问顾客感受	向在场当事人了解具体情况	
③	征询顾客意见	询问顾客感受尊重顾客意见	
④	及时送往医院	餐饮企业陪顾客去医院治疗	
⑤	配合医生治疗	企业配合医生对顾客的治疗	
⑥	提供住院护理	餐饮企业配合医院提供护理	
⑦	承担医药费用	餐饮企业主动承担医药费用	
⑧	承担顾客误工	餐饮企业承担顾客误工费用	

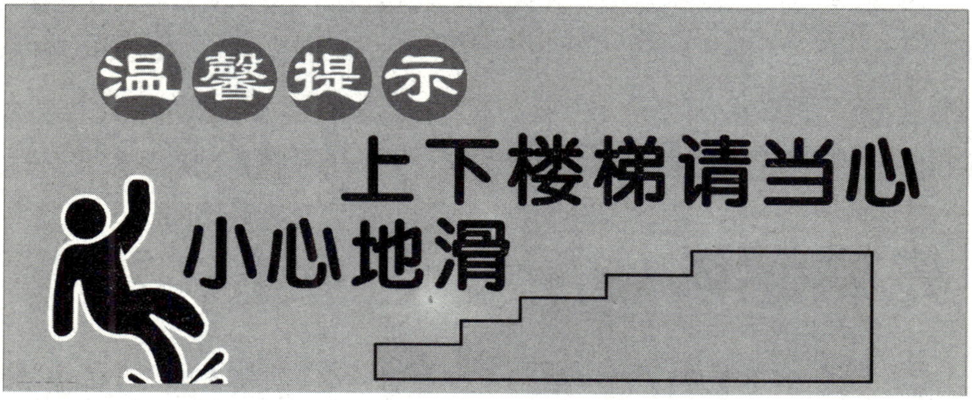

【小结】现场安全工作控制包括服务现场安全设计、服务现场安全督导、现场安全问题应对三项内容。其中，服务现场安全设计旨在将安全工作分权、分责、到位；服务现场安全督导由工作站领班负责管理组运用工具督导；现场安全问题应对，应启动事前设定程序，并注意控制营运现场秩序。

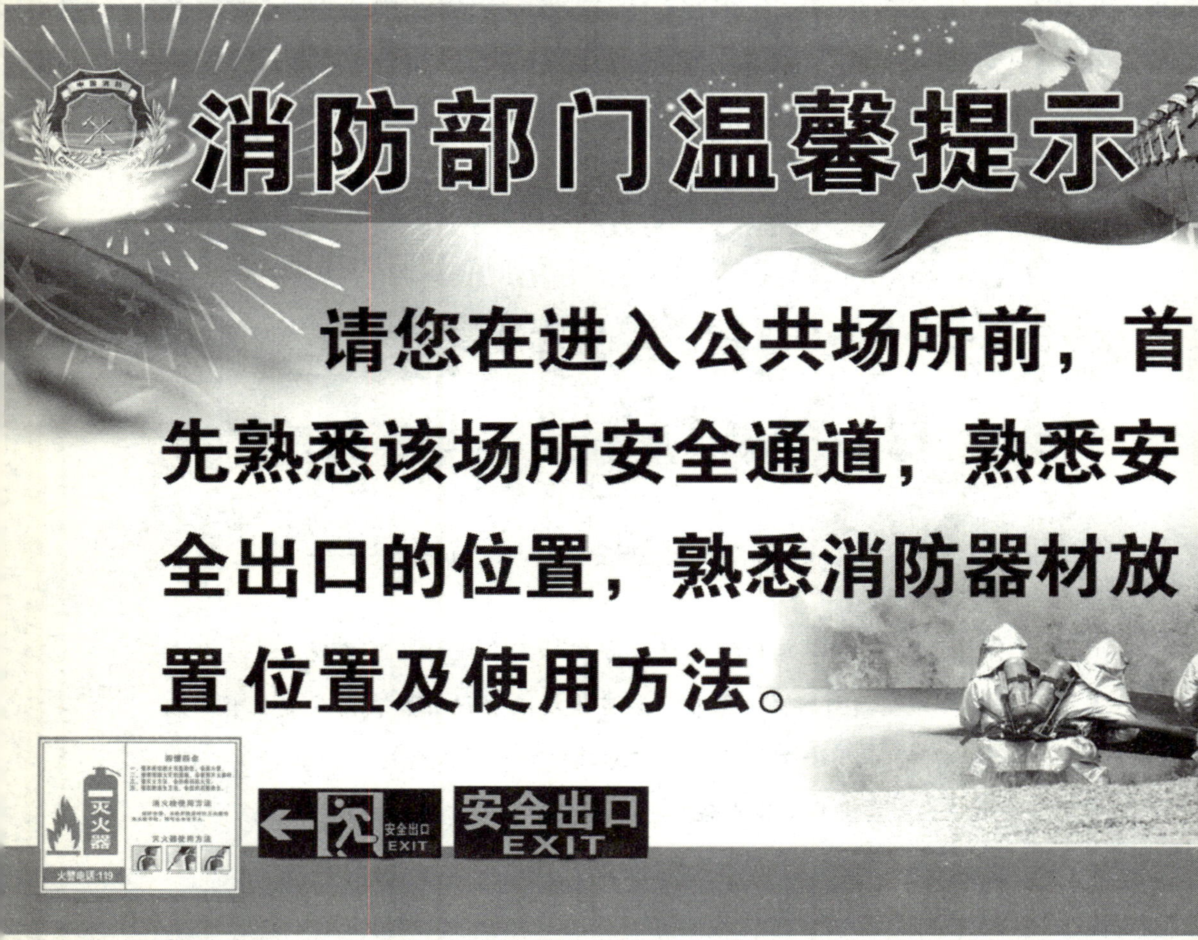

消防部门温馨提示
请您在进入公共场所前，首先熟悉该场所安全通道，熟悉安全出口的位置，熟悉消防器材放置 位置及使用方法。
灭火器
安全出口
EXIT
安全出口
EXIT

第九章

突发事件处理
——现场管理任务之V（上）

应对突发事件不但需要服务营运现场管理人员对突发事件及时处理，而且需要培育营运现场管理人员事前防范意识。只有这样，在遭遇突发事件时营运现场管理人员才能按既定的内容、流程、要求应对突发事件！

服务营运现场管理对突发事件的预防、应对、处理非常关键，所以我们分上、下两部分内容对餐饮企业要面对的突发事件做系统介绍，并以危机应对手册的样板模式展开，以实现餐饮企业的应对危机与转危为安。

■ 现场应对突发停电

餐饮企业服务营运离不开电力能源，停电不但会扰乱正常的服务秩序，而且会扰乱正常的生产秩序。餐饮企业日常营运若事前知道停电信息，应考虑停止营业，在不知情的前提下，现场应对突发性停电应把握好：

1. 应对突发停电设计

餐饮企业营运必须设计应对突发停电措施，这也是餐饮企业服务营运现场管理应设计的工作内容。应对突发停电要导入前瞻性工作设计，即在停电事件未发生前就设计好停电时、停电后的工作内容、工作流程、工作要求。停电事件在餐饮企业营运过程中不可避免，因而事件应对措施至关重要。

危机处理措施设计是对突发停电危机预警管理，突发停电既影响餐饮企业正常营运秩序，又构成服务营运危机事件。突发停电应对措施设计包括：迅速通知上级、服务体系沟通、厨务体系沟通；启动停电应对、执行应对流程、现场秩序控制；管理团队工作、工作团队工作、安保人员工作等内容。

实施危机处理训练是导入危机方案与预案管理，在危机应对设计基础上，餐饮企业应对服务体系内部、厨务体系内部、两大体系之间导入危机应对训练。只有强化训练才能直面突发事件，并按内容、流程、要求有条不紊地应对突发危机，这是餐饮企业应对营运危机并实现转危为安的有效方法。

强化危机防范意识是应对危机的预警性管理。危机没有出现并不代表没有危机会出现，因而管理团队要在观念上强化危机防范意识，旨在杜绝危机事件的发生。在操作层面，管理团队应在每月例会上讨论一次至两次危机防范措施设计与危机应对训练状况，针对存在问题及时处理、改进、提升。

2. 现场应对停电措施

现场停电应对措施设计包括：点燃备用蜡烛，营造烛光就餐氛围；维护现场秩序，使服务人员有序工作；在餐厅公共区域和通道启动应急灯；加紧催菜，在短时间内尽快上齐所有菜肴；告知服务团队不再接纳新的就餐顾客；服务人员与保安人员配合送别就餐顾客；厨务人员迅速出齐已落单菜肴。

现场应对协调路线设计：当服务营运现场出现突发停电时应迅速查明原因，若停电问题不能在短时间内得到解决，服务经理应迅速向管理团队与工作团队传递停电信息，并指挥管理团队与工作团队按既定分工各负其责。管理团队应现场指挥、支持、帮助工作团队，做好与顾客沟通及疏散工作。

现场应对操作须知设计：企业若是双路供电，可在短时间内解决供电问题；若自备发电机，亦可在短期内解决供电问题。如果上述两种措施都没有，应启动应急方案：告知顾客、启动照明；指导服务人员实施应对措施：加紧催菜、维持秩序；协调厨务人员实施应对措施：加快上菜、高效出品。

3. 应对突发停电要点

餐饮企业工程部门按要求定期检查应急照明系统及店内供电设备、线路、电器是否有老化与带病运转等非正常现象；营运部门按规定派专人负责服务体系、厨务体系、行政体系停电应急设备与应对训练的检查与考核；工程部门有日常检查与维护报告，确保在遭遇突发停电时有理性的应对措施。

大型餐饮企业营运现场一般配有应急发电设备，即使突发性暂时停电也不会给顾客用餐与企业正常运营造成太大影响。在企业自备发电设备前提下出现停电，餐饮企业应及时启动紧急照明系统，并通过广播提示顾客：听从现场工作人员安排，静静等候，请勿乱动乱跑，以免造成事故或财物丢失。

在接到停电通知的情况下，餐饮企业管理部门应事先将停电线路、时间、安全防范要求通知到各个部门，工程人员做好停电前的应变工作。若遇停电时间较长，启动发电设备运营成本过高的情况下应当暂停营业。餐饮企业可利用暂停营业时间进行员工临时培训、店内清洁、设备检修等项工作。

在没有任何停电通知的情况下，工程人员应立即确认该事故属于内部故障停电还是外部停电，若属内部故障引起停电事故，应即刻派专业人员查找原因并采取补救措施，以免故障扩大；若属外部停电，一方面应防止突然来电引发事故，另一方面，应与电力部门联系，将了解的信息通知管理人员。

【思考·动手】

如何设计突发停电防范措施？______________________________

____

如何设计突发停电应对流程？______________________________

____

如何诊断分析杜绝突发停电？______________________________

____

■ 现场应对突发停水

停水对服务营运秩序影响较小，若提前得知停水消息，可通过储备水源度过危机；若事先无停水消息，可采用临时措施有效应对。

1. 应对突发停水设计

餐饮企业营业现场出现大面积或全部停水，应立即查找停水原因，并向厨务体系、服务体系及店长报告情况及事由，若属企业内部供水管网破裂导致停水，应组织维修人员尽快抢修；若属于城市供水系统出现故障或水质问题导致停水，店铺管理人员应尽快与供水公司沟通停水时段与供水时间。

危机处理措施设计旨在导入前瞻性的危机应对管理，突发停水既影响餐饮企业正常秩序，又构成服务营运危机。为此，要设计突发停水应对措施，包括启动停水应对、迅速通知上级、现场秩序控制，服务体系沟通、厨务体系沟通、

行政体系沟通，管理团队工作、工作团队工作、安保人员工作。

餐饮企业应针对可能出现的突发停水事件，设计突发停水事件发生的应对流程，在此基础上，服务体系、厨务体系、行政体系导入突发停水危机处理训练，只有按突发停水危机应对流程强化训练，才能在突发停水发生时，按要求启动应对危机处理流程，这是成型企业应对、转化、解决危机的手段。

强化突发停水危机防范意识，是预警性的突发停水危机应对管理。管理团队要在观念上强化突发停水危机防范意识，在操作层面，连锁经营店铺管理团队应在每月例会上讨论一次至两次突发停水危机防范措施设计，检查突发停水危机应对训练水平，针对餐饮企业实际问题做处理、改进、提升。

2. 现场应对停水措施

现场停水应对措施设计包括餐饮企业应将储备用水能力作为应对措施设计。无论是从前瞻性考虑，还是从现实性考虑，餐饮企业都应配置相应的储水容器以备万一，尤其是厨务体系洗消工作站，一旦餐饮企业遭遇停水限制，无论是事前备水，还是中途找水，都要有容器才能保障营运用水的需要。

现场应对协调路线设计：服务营运现场出现突发停水时，应迅速查明原因，若停水问题不能在短时间内解决，服务经理应迅速向管理团队和工作团队传递停水信息，并指挥管理团队与工作团队按既定分工各负其责应对危机。管理团队负责指挥、协助、帮助工作团队，同时做好顾客沟通与疏散工作。

现场应对操作须知应把握，如果事前得知是临时性停水，可通过储水措施确保营业；如果是突发性停水，管理团队应向顾客做出解释，并派人到附近区域找水，以确保厨务体系用水和服务体系的洗手间用水。当供水恢复正常后，要对使用过的工具、用具、餐具、环境做彻底的清洗、消毒处理。

餐饮企业应对停水措施设计：通过事前储水、事中找水等办法确保正常营业，根据上述应对措施管理实施现场操作；餐饮企业管理人员应迅速启动停水应急方案，第一时间向各管理组传递停水信息，指挥管理组按既定分工应对突发性停水，避免因停水措施实施不力，造成餐饮企业整体形象受损。

3. 应对突发停水要点

餐饮企业设计应对突发停水方案是一种防患于未然的行为，餐饮企业工程部应加强对供水系统、供水管道、蓄水设备日常检修，对老旧管网及时发现、及时更换，将餐饮企业内部引发停水事故概率降到最低 ，并确保遭遇突发停水时，能够有充足的蓄水设备，大型餐饮企业应自备专门的应急水塔。

遭遇突发性停水时，需要餐饮企业管理人员迅速做出应急决策：首先，向各管理组传达停水信息；其次，与供水部门取得联系，了解停水原因；第三，启动紧急应对方案；最后，根据停水情况与餐饮企业应对能力协调营业现场秩序。当然，餐饮企业应将确保顾客利益与维护企业形象为第一要务。

有事前通知的停水情况，应根据停水时段、供水时间采取应对方案，短时间停水，可由服务与厨务根据用水需求进行储备，并充分满足厨房与洗手间用水需求；若长时间停水，餐饮企业应暂停营业，并贴出停业通知。餐饮企业可

利用此时段对工作进行基础培训、岗位培训、突发事件应急培训。

若在营业中遭遇突发性停水，应迅速组织人员到附近未停水区域紧急调水，在维持正常营业的基础上，由工程部门迅速排查停水原因，查明系内部故障停水还是外部故障停水，并由管理组成员分工实施应急方案，避免因停水造成营业中断或引发顾客骚乱，导致餐饮企业形象受损等现象的发生。

【思考·动手】

如何设计突发停水防范措施？

如何设计突发停水应对流程？

如何诊断分析杜绝突发停水？

现场应对顾客投诉

对餐饮企业而言，顾客投诉既是危机又是机会，顾客投诉一般围绕出品、服务、环境三大要素。应对顾客投诉最重要的是在服务营运现场有效地解决问题，而不是拖延或以各种借口搪塞。若不能有效解决问题，一旦顾客带着不满情绪离开，餐饮企业不但会失去现实顾客，而且会形成负口碑效应。

1. 投诉处理标准设计

【资料】美国白宫全国消费者调查统计有这样一道题目设计：顾客已经产生了不满意，但还会在你那儿购买商品的比例会有多少？

数字显示：不投诉的客户有91%不会再回来，投诉没有得到解决的客户有81%不会再回来，投诉过但已得到解决的客户有46%不会再回来，投诉被迅速得到解决的客户有18%不会再回来。4%的不满意客户会向企业投诉，96%的不满意客户不会向企业投诉，但会将他的不满意情绪传递给16~20人。

上述资料显示了投诉处理对顾客满意的重要性，顾客投诉处理是否得当，直接影响着顾客对服务品质、产品品质、环境品质的信赖，因而投诉处理要求也是现场应对顾客投诉准则。无论是基层管理人还是高层管理人，应对顾客投诉都要注意把握企业利益与顾客利益的双赢，并遵循CSMART要求：

C：以顾客为主导～应对顾客投诉要站在顾客立场，而不是企业或个人立场；

S：明确性的回应～要让顾客感受到他的投诉和意见受到尊重，并得到回应；

M：可衡量的答复～要让顾客感到企业的努力补救，包括金钱和非金钱方面；

A：意见的一致性～投诉处理最终要使顾客与企业双方达成一致与共识；

R：措施的现实性～对投诉处理企业方面的措施与顾客方的要求应合理现；

T：应对的及时性～投诉处理应该在第一时间内解决问题，否则会导致不满。

应对顾客投诉遵循 CSMART 要求，能使服务经理、服务副理、服务领班端正服务态度，站在客观的立场妥善解决问题。应对顾客投诉是餐饮企业最后一次挽留顾客的机会，若处理得好，不但能够消除顾客的不满，而且能够使顾客回头；若处理不当，不但会失去顾客，而且会收获顾客的负面口碑！

2. 投诉处理程序设计

投诉处理程序是现场人员应对顾客投诉的步骤和方法。尽管投诉内容与投诉者不同，但都要遵循既定的思路确保投诉处理有效性。

应对顾客投诉是安抚顾客的前提，认真聆听顾客讲述，了解顾客投诉要因，如果只是一味反驳，只能导致顾客对企业产生不良印象。

表示同情歉意是与顾客沟通的开始，让顾客了解企业非常重视顾客意见，并代表企业适时地向顾客表示歉意，主动做好投诉记录。

重申顾客所说重点，了解顾客投诉重点是针对服务、产品，还是对环境，在确认问题所在之后，准确地告知顾客，问题可以解决。

决定采取措施包括代表企业与顾客有效沟通，寻求双方能够达成一致的补偿措施，超出处理者的权限需请示上级管理者出面处理。

感谢顾客批评是指欢迎顾客提出意见，对顾客提出的意见表示感谢，不只是运用表面的客套用语，应对企业本身失误向顾客道歉。

快速采取行动是顾客同意企业所采取补救措施的作为，立即行动不拖延时间，时间与效率是对顾客的尊重以及对企业形象的维护。

投诉回访是指企业从投诉处理过程结束时起，由客服部于 3 日内通过电话回访的方式进行回访验证，并填写《访问顾客记录表》。

【资料】美国马里奥特饭店公司在属下餐馆规定，任何雇员只要认为需要就可以用不超过餐厅规定限额的额外支出安抚不满顾客。

3. 投诉应对操作设计

发生顾客投诉，一旦超出一线工作人员能处理的投诉范围，应请示与报告上级管理人员，营运现场管理人员应迅速介入。由于顾客投诉性质与等级不同，因而管理人员介入的层次也不同，但最终目的是要解决投诉。营运现场应对顾客投诉层次包括：领班层次介入、服务经理介入、分店店长介入。

领班层次介入，发生顾客投诉由被投诉环节负责人直接处理。这个层次的投诉处理主要针对服务问题、产品问题、环境问题……领班应向顾客及一线员工了解情况并做出妥善处理，在领班职权范围之内将危机范围降至最低。当领班发现自己已无法解决该投诉时，应迅速将投诉处理推入下个层次。

服务经理介入，当领班无法处理顾客投诉时，服务经理应介入顾客投诉处理。在此环节，领班应明确告知顾客投诉要求已超出自身解决权限需上报解决，以获得服务经理援助。顾客维系是服务经理的重要职责，服务经理有能力站在大局与全局立场考虑企业与顾客双方利益，寻找最佳的解决途径。

分店店长介入，这是店铺最高经理人对顾客投诉处理的最后决断。投诉处理发展到这个层次说明所涉及的内容对餐饮企业来讲极为重要，严重程度已不

是服务经理能力所及，顾客投诉内容和影响范围可能涉及到企业形象、品牌声誉。店长以最高经理人的身份处理顾客投诉，旨在实现对大局控制。

【思考·动手】

企业是否设计应对顾客投诉措施？________________

顾客提出物质赔偿应该如何应诉？________________

顾客提出精神赔偿应该如何应诉？________________

现场应对物品丢失

营运现场，特别是营运高峰时段极易发生顾客物品丢失现象。应对顾客物品丢失应以维护顾客利益为原则，以维护企业形象为准则。

1. 应对物品丢失设计

餐饮企业正常服务营运会面对顾客物品丢失问题，这是餐饮企业服务体系现场管理应设计的工作内容。应对物品丢失应导入前瞻性工作模式，即在物品未丢失前就设计好丢失时、丢失后如何应对的工作内容、工作流程、工作要求。顾客物品丢失是不可避免的，因而事前要有应对性设计与准备。

危机处理措施设计是前瞻性的危机应对管理，顾客物品丢失既影响餐饮企业正常营运秩序，又构成服务体系营运危机。为此应设计顾客物品丢失的应对措施，一旦发生顾客物品丢失，店铺服务体系应按顾客物品丢失应对处理设计启动预案，包括迅速通知上级、服务体系沟通、现场秩序控制等。

应对顾客物品丢失，在预防设计与应对预案的基础上，餐饮企业应对服务体系、厨务体系、行政体系导入预防与应对训练。应对顾客物品丢失，要以强化服务体系管理人员与工作人员训练为主，厨务体系、行政体系配合训练为辅。只有强化顾客物品丢失训练，才能在顾客物品丢失时启动处理程序。

强化顾客物品丢失危机防范意识，旨在实现危机防范应对管理前移。在实施、转化、操作层面，管理团队应在每月例会上讨论一次顾客物品丢失危机防范措施设计，针对服务体系关于顾客物品丢失防范与应对管理所存在的问题，及时处理、改进、提升，以实现服务营运规避危机与转危为安的目的。

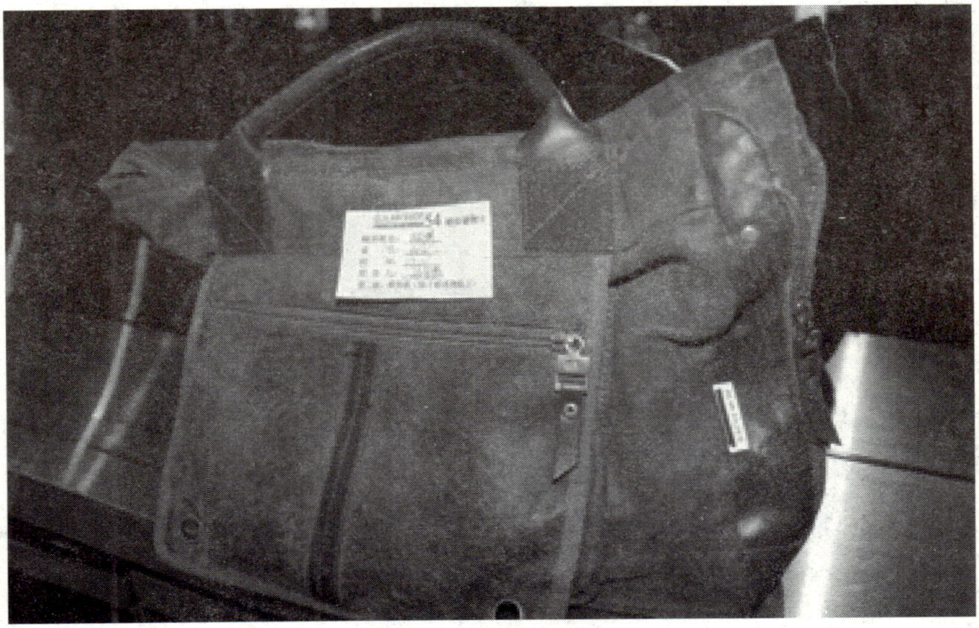

2. 应对物品丢失措施

物品丢失应对措施设计包括：服务营运现场发生顾客物品丢失事件时，服务体系应按企业设定的流程与步骤应对顾客物品丢失投诉，协助顾客查找丢失物品，启动保安人员内部查巡，协助顾客报警解决问题。牢记：保持现场秩序，搜集原始证据（各种证据）是分析问题与解决问题的重要线索。

现场应对协调作业应按设定的程序实施现场应对：与顾客协调，旨在了解顾客所丢失物品内容及物品丢失线索；与员工协调，旨在向现场员工了解物品丢失的具体情况及是否有可疑人员出现；与区域协调，旨在与不同区域沟通，保持区域经营；与上级协调，旨在上行沟通，由决策人做出应对之策。

服务营运现场处理顾客物品丢失须知包括：一是控制营运现场，向当事人了解情况，避免影响其他顾客；二是组织保安内查，帮助顾客寻找丢失物品，尽力将顾客损失降至最低；三是协助报警工作，寻找未果的情况下报警请求外部援助；四是做好善后工作，按企业设定程序留下顾客联络方式。

餐饮企业在分析顾客物品丢失要因的基础上，可以采取以下有效应对措施：张贴保管好财物的提示，提醒顾客放置保管好财物，在顾客坐椅背上加椅套，保安人员定时巡逻……当然解决问题本身不是目的，杜绝问题发生才是目的。为此，应将具体应对措施写进危机处理手册，防范突发事件发生。

3. 物品丢失应对要点

顾客物品丢失应对的重点应以预防为主，即防患于未然，因为发生顾客物

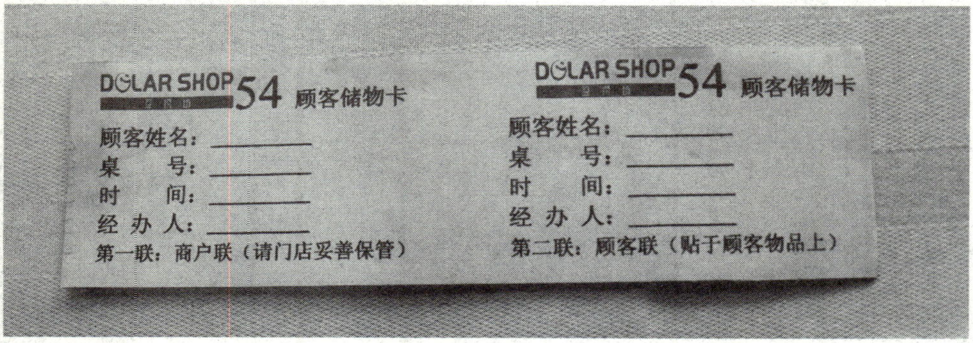

品丢失现象后，若处理不当会严重影响餐饮企业形象与声誉。为此可采取以下措施，包括：在营业区域各关键点位安装监控设备；加强保安人员在营业高峰时段安全巡查；增强内部员工道德培训，避免员工偷窃影响企业形象。

顾客在用餐期间发现物品丢失必然会迁怒于企业，无论是一线员工，还是管理人员，应以不卑不亢的态度稳定顾客情绪，在向顾客表示同情的同时向顾客表示企业将尽全力处理此事；记录物品丢失内容与丢失地点；通知保安并迅速上报值班经理；根据物品丢失内容与价值由相关管理人员进行处理。

顾客在未向公安部门报案前先向餐饮企业反映物品丢失情况叫做报失，对此，管理人员应根据“物品丢失报告”内容进行详细询问及认真填写，包括顾客丢失物品特征、数量、性状、颜色、位置，以及最后看到该物品的时间等内容，登记完毕后请顾客确认签字，并记录顾客的详细地址及电话号码。

若顾客要求报案，餐饮企业应尽力为顾客报案提供便利，在公安人员未到达期间注意稳定顾客情绪，并由保安人员负责保护现场。公安人员到达现场后，当班服务人员与管理人员应如实地反映问题与情况，协助公安部门尽快破案。若问题不能够当场解决，餐饮企业应随时关注公安机关调查结果。

【思考·动手】

如何设计顾客物品丢失防范措施？________________________________

____

如何设计顾客物品丢失应对流程？________________________________

____

如何诊断分析杜绝顾客物品丢失？________________________________

____

第十章

突发事件处理
——现场管理任务之V（下）

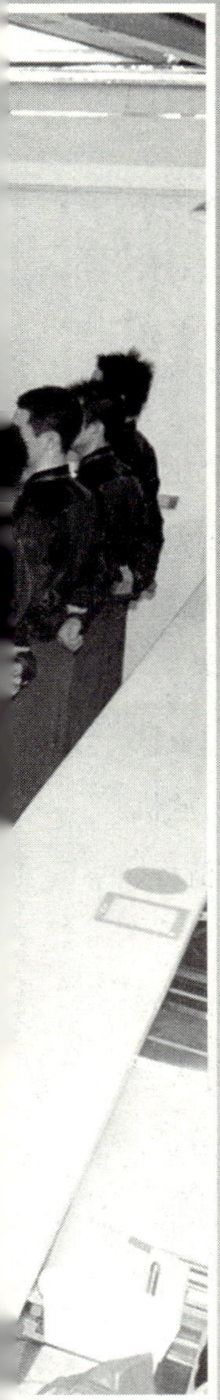

重大突发事件不经常发生，一旦发生将给餐饮企业带来严重损失和致命影响。重大突发事件包括：人员受伤、重大事件、食物中毒、火灾发生等。对于重大突发事件，餐饮企业应建立预警机制，并做好防范措施。

对于餐饮企业来讲，重大突发事件会造成重大人员伤害、重大财产损失、重大社会影响。重大突发事件的发生具有不可预见性与破坏性，造成餐饮企业形象与信誉受损，严重影响餐饮企业的正常经营与经济利益。

■ 现场应对人员受伤

人员受伤既包括工作人员，又包括用餐顾客。对餐饮企业来讲，工作人员受伤会影响餐饮企业正常营运秩序与营运效率；用餐顾客受伤不但影响餐饮企业正常营运秩序与企业形象，而且会给顾客身心健康带来损失。

1. 应对人员受伤设计

餐饮企业正常营运会涉及应对人员受伤措施设计，这是餐饮企业服务体系与厨务体系现场管理应设计的工作内容。应对人员受伤要导入前瞻性的应对设计，在人员受伤之前就设计好受伤时、受伤后应对工作模式。餐饮企业服务营运遇到人员受伤事件是不可避免的，因而要有对事件的应对准备。

服务营运危机应对是预警性危机应对管理，人员受伤不但影响餐饮企业正常营运秩序，而且构成餐饮企业营运危机。人员受伤营运现场应对措施包括：迅速通知上级、服务体系沟通、厨务体系沟通；受伤人员安置、启动危机应对、执行应对程序；现场秩序控制、安保人员工作、现场证据保留。

应对人员受伤危机处理训练，是导入案例式应对人员受伤模拟训练。餐饮企业应在服务体系内部、厨务体系内部、两大体系之间导入应对人员受伤危机训练。在强化应对人员受伤训练基础上，突发事件来临时才能按内容、按流程、按要求启动危机应对，这是应对人员受伤危机处理的重要手段。

应对人员受伤危机防范意识强化，是应对人员受伤危机的预警性管理。管理团队要在观念上强化应对人员受伤危机防范意识，在操作层面，管理团队应在每月管理组会议上讨论应对人员受伤危机防范措施设计、危机应对训练分析，针对应对人员受伤危机管理，做理性设计、训练、完善、提升。

2. 应对人员受伤措施

造成人员受伤的原因主要表现为一些意外事故的发生：意外事故（意外滑倒、异物扎伤、煤气泄漏）、食品安全（顾客误食异物、食物中毒）。意外事故会危及到顾客与员工的人身安全，大多属意外因素，企业能做到预防，却很难完全杜绝，当然，食品安全存在隐患问题是企业能够杜绝发生的。

现场应对措施设计包括提示性措施与救助性措施。一旦有人员意外受伤事件发生，餐饮企业经理人与管理人应积极面对：首先要进行人身救助，日常救护训练是实施救助的保证；其次要做好善后处理，这是经理人协调与控制能力的展示；最后是防止事件发生，针对所发生的问题做好总结与训练。

现场应对协调路线设计请参照事先设定的应对程序实施现场应对，具体执行要点：与上级的协调，下情上传，让决策人员能最快做出判断以便控制现场；与顾客的协调，既要安抚受伤顾客（达成共识），又要恢复营运现场秩序；环节之间协调，工作站的协调、工作岗位协调，迅速恢复到营运状态。

现场措施启动应执行应对受伤人员设定的内容、流程、模式。对伤势较轻的人员，用餐饮企业自备药箱进行基本救助与处理；对伤势严重的人员，经过

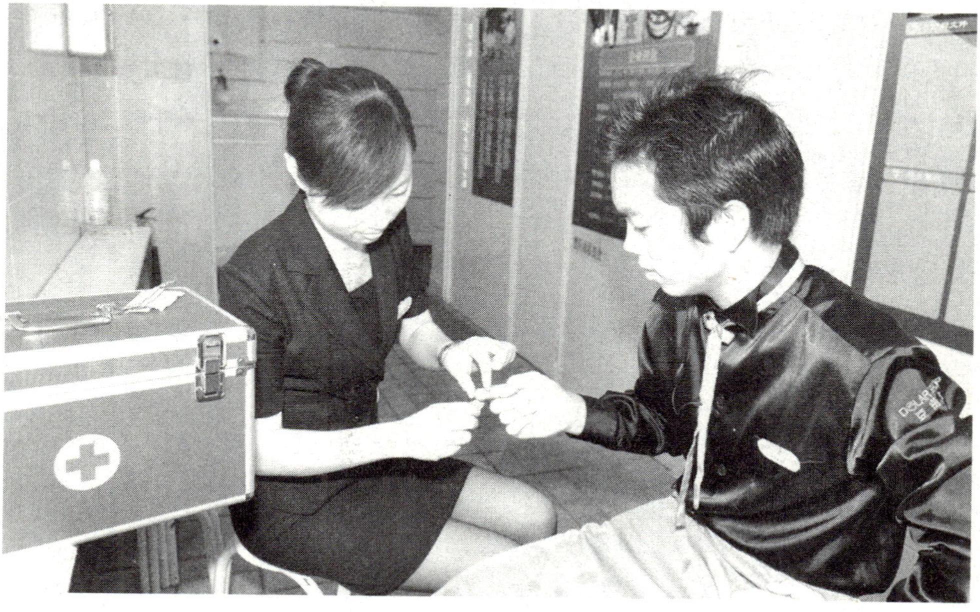

简单处理后迅速送往医院治疗；营运现场问题处理完毕后，应迅速恢复营运现场秩序；在界定主次责任的基础上，按责任主次做出相应赔付决定。

3. 应对人员受伤要点

餐饮企业发生人员受伤事件时，首先应稳定受伤员工或顾客的情绪，迅速利用企业自备医药箱为受伤人员进行处理，情况严重者应及时送医就诊，若有必要，及时联系顾客亲属或朋友。管理组成员必须以最诚挚的态度关心受伤人员，及时与顾客沟通，但切忌在未查明事故原因之前承认该项责任。

切忌与顾客发生争执，避免在与受伤人员沟通的过程中影响到其他顾客用餐，并疏散围观人员，对于轻伤人员应建议就医，重伤人员则应拨打救护电话，除非有潜在危险的可能，否则，尽量避免移动受伤人员，以免造成二次伤害。现场管理人员必须保持冷静，尽快恢复正常营运，减少企业损失。

当餐饮企业发生人员受伤事故时，切忌拒绝相关部门及其工作人员执行公务；对于重大伤害，不能与媒体或政府部门发生语言顶撞，在没有与餐饮企业高层取得一致时，不得随便回答媒体与政府部门提出的问题；任何人不得随便回答非职责范围之内的问题，不得擅自主张或自行处理事故现场。

在处理受伤人员事件时，应根据事实说话，向受伤人员、保险公司、媒体阐明实际情况，避免让竞争对手有可乘之机。要在最短的时间内收集相关信息，分析利弊，同时通知连锁店铺员工严禁在公众场合议论该事件，避免引起其他顾客的注意与恐慌，避免事件不良影响造成餐饮企业形象受损。

【思考·动手】

如何设计人员受伤防范措施？______________________________

____

如何设计人员受伤应对流程？______________________________

____

如何诊断分析杜绝人员受伤？______________________________

____

现场应对重大事件

餐饮企业经营要面对不同类型的顾客，面对不同内容的事件；服务营运现场管理要面对意想不到的事件给企业带来的意外损失。以下介绍三种意外事件处理的现场应对参照模式：打架斗殴、抢劫事件、突发疫情。

1. 现场应对打架斗殴

服务营运现场顾客与顾客之间、顾客与服务人员之间的争吵与动手偶有发生，这是令餐饮企业十分头疼的事！一旦发生打架斗殴事件，不但会扰乱服务营运现场秩序，使设备设施受到不同程度损坏，而且会造成顾客或员工的人身伤害，使企业收获负面口碑影响，并使负面口碑影响不断泛化。

现场打斗苗头控制应注意，无论是顾客与顾客之间，还是顾客与员工之间，出现打斗情况是有苗头与迹象的，如：顾客饮酒过量、顾客情绪失控、顾客出言不逊、顾客毁坏财物、顾客与员工发生口角、顾客与员工身体接触……服务管理团队若发现打架斗殴苗头与迹象，应在第一时间内及时处理！

应对打斗措施实施设计，最重要的是控制现场局面，对滋事人进行劝解以平息事端，必要时对滋事人进行隔离；保安人员上前阻止劝说，阻止劝说无效时可选择相应的解决手段（报警解决、保安强制）；采取强制措施时应注意不要伤害对方，更不要伤害就餐顾客……在情绪稳定后协商解决问题。

无论是顾客与顾客之间，还是顾客与员工之间发生打斗事件，对餐饮企业来讲都属突发事件处理范畴。因而在突发事件处理结束后，要对打斗突发事件进行总结、提炼、升华，以案例形式写入危机处理手册，并拟定类似问题的预防措施、处理措施、解决措施，不断完善危机处理手册的内容。

2. 现场应对抢劫事件

银行抢劫事件时有发生，餐饮企业由于有现金收入、营业时间较晚、保安能力有限等诸多弱点，也成为不法分子的“抢劫目标”。对此，餐饮企业应严加防范，控制现场抢劫苗头与发展态势、设计应对抢劫措施、做好事后总结、杜绝再次发生。抢劫属恶性事件，餐饮企业应杜绝此类事件的发生。

现场抢劫苗头控制应注意，抢劫事件发生是有苗头与迹象的：内外人员勾结抢劫作案，外部人员频繁踩点抢劫作案，流窜贯犯随机性抢劫作案……第一种情况餐饮企业应对保安人员实施轮调制度，第二种情况餐饮企业应注意相关人员可疑行为，针对第三种情况餐饮企业可强化保安力量震慑作用。

应对抢劫具体措施设计包括，一旦发生抢劫事件应启动抢劫应对程序，首先，要保证现场人员安全，不与抢匪发生正面冲突；其次，迅速报警寻求帮助，启动报警手段运用；最后，保安人员在能力与警力允许的范围内实施自卫。牢记：人的生命是最有价值的，这是处理抢劫事件的前提与基础。

抢劫事件属于恶性事件，对餐饮企业来讲，抢劫事件属突发性事件的处理范畴，因而在抢劫突发事件结束后，要对抢劫事件进行总结、提炼、升华，以案例的形式写进突发事件危机处理手册中，并拟定事件的预防措施、处理措施、解决措施，危机处理手册内容要不断进行完善，不断进行训练。

3. 现场应对突发疫情

无论是SARS，还是禽流感……都对餐饮业经营产生了冲击，疫情冲击过后多数餐饮企业经受住了考验并生存了下来，为什么呢？是因为这些企业能为顾客提供安全的就餐环境。安全就餐环境包括产品、服务、环境、卫生，这一切都离不开卓越的营运现场管理，使企业能面对突发疫情度过难关。

现场突发疫情控制须知，一旦疫情发生会使企业受到牵连，因而服务营运现场应设计突发疫情控制，包括：让工作团队与管理团队知道事实真相；向工作团队与管理团队讲述企业措施；在真相没有出来之前不要假定企业错了……在此基础上，工作团队与管理团队可以与顾客交流讲述事实真相！

应对突发疫情措施包括，事件发生后餐饮企业应对外统一宣传口径，避免产生各种误解；指定唯一发言人，代表企业接触媒体；采取超常规检验措施，执行暂时检查措施；制定超越行标的标准，执行更高自律标准；启动度过危机程序，直面经营谷底；强行推行危机公关，主流顾客不受伤害……

突发疫情属恶性事件，对餐饮企业来讲，突发疫情与突发性事件处理结果很重要，因而在突发疫情结束后，要对事件进行总结、提炼、升华，并以案例形式写进危机处理手册，再拟定类似问题的预防措施、处理措施、解决措施，不断完善危机处理手册内容，不断训练人员掌握手册内容。

【思考·动手】

如何设计现场应对打架斗殴防范措施？________________________

____

如何设计现场应对抢劫事件应对流程？

如何设计现场应对突发疫情处理措施？

■ 现场应对火灾措施

火灾有大有小，小的环节不加注意会酿成大的灾难。火灾不但会给餐饮企业带来毁灭性的损失，而且向顾客传递着不安全的信号，严重影响企业声誉与企业形象。为防止火灾现象的发生，餐饮企业应当加强防御措施。

1. 应对火灾措施设计

餐饮企业正常营运不能不设计应对火灾发生的措施，这是餐饮企业服务体系与厨务体系营运现场管理应设计的工作内容。应对火灾，要导入前瞻性工作模式，即在火灾发生之前就设计好火灾发生时与发生后应对措施。餐饮企业营运过程要避免火灾事件发生，就要事前设计好应对火灾发生预案。

餐饮企业营运应对火灾危机处理，是前瞻性的危机应对管理。火灾发生既构成餐饮企业营运危机，又会毁掉餐饮企业前程。火灾发生的应对措施包括：迅速通知上级、启动应对程序、自救报警决策，执行应对设计、现场人员疏散、现场秩序控制，消防团队启动、分工协作设计、安保人员工作。

应对火灾危机处理训练是预防火灾危机发生应对管理训练。餐饮企业应对服务体系、厨务体系、行政体系导入应对火灾危机训练。客观地讲，有组织设计、预案设计、训练设计，才能在火灾突发事件发生时按内容、按流程、按要求实施危机应对，这是餐饮企业预防与应对火灾危机的有效方法。

强化应对火灾危机防范意识，是预警性应对火灾危机管理。管理团队要在观念上强化应对火灾危机防范意识，在操作层面，管理团队应在每月管理组会议上讨论应对火灾危机防范措施，并设计与安排火灾危机防范程序演练方案，针对火灾危机应对存在的问题及时处理与改进，以规避火灾危机。

2. 现场应对火灾要点

餐饮企业应定期对管理人员与工作人员进行消防安全意识与消防技能训练。安全意识训练是主动意识训练，是必不可少的训练，体现在服务营运现场常规性工作细节的防范上；消防技能训练包括普及消防灭火常识，组织灭火疏散实战演练，使管理者与员工都掌握常识、掌握技能，以防患于未然。

现场应对协调路线包括以下三个层次：一是火源现场协调，由负责人组织控制现场，并迅速实施上行沟通；二是经理人员协调，迅速向管理人员传递信息，迅速实施报警工作；三是管理人员协调，管理人员按既定分工指导工作人员组织顾客撤离。以上三个层次现场应对协调要进行阶段性演练。

现场应对操作须知应注意：其一，确定火源火势，采取紧急措施，关闭所有能源；其二，迅速组织企业消防团队救火，并设置防火区域；其三，高管亲临现场，决定及时报警、人员疏散事宜。当需要消防部门介入救火时应给予积极配合。火灾事件发生后，要调查火灾的直接原因，追究责任、改进工作。

餐饮企业应设置应急广播系统与报警装置，遇火灾发生应立即通知营业区域、包房区域、后厨区域，在包房区域应设置报警装置与安全逃生路线图，同时在营业区域、安全出口、疏散通道的顶部、地面、墙角与靠近地面1米以下的墙裙上，应设置国家规定的，有中英文灯光疏散指示的标志牌。

3. 火灾现场应对办法

火灾现场火势发展一般要经历初起阶段、发展阶段、猛烈阶段、熄灭阶段。火灾初起阶段，要合理使用灭火器材，正确掌握灭火方法。冷却灭火法是将灭

火剂直接喷洒在可燃物上；隔离灭火法是将燃烧物与附近可燃物隔离；窒息灭火法是阻止空气进入燃烧区；抑制灭火法是用化学灭火剂灭火源。

火灾发展阶段，由于燃烧强度逐渐增大，载热500CC以上的烟气流加上火焰的辐射热作用，会致使周围可燃物品结构受热并开始迅速分解，此时气体对流加强、燃烧面积扩大、燃烧速度加快，仅依靠企业自有的灭火器材与人力很难将火扑灭，因此应借助消防部门专业灭火才能控制火势的态势。

火灾猛烈阶段，由于燃烧面积进一步扩大，大量热能释放出来，空间温度急剧上升，促使周围可燃物品几乎全部卷入燃烧，火势达到急剧状态，此时的火灾现场燃烧强度最大，热辐射最强，温度烟气对流达到最大限度，不燃材料和建筑主体强度受到破坏，极易引发倒塌，火势急速向周围蔓延。

火灾熄灭阶段，由于灭火剂作用或因燃烧材料已燃烧殆尽，使得火势得到控制，逐渐减弱直至熄灭，此时需要企业管理人员协助公安人员、消防人员进行现场维护与处理，组织企业员工进行火场排查，避免死灰复燃，事后召集全体员工分析起火原因，进行责任追查，总结火灾救援经验编入手册。

【思考·动手】

如何设计应对火灾防范措施？--------------------------------

如何设计应对火灾操作流程？--------------------------------

如何诊断分析杜绝火灾发生？--------------------------------

■ 现场应对食物中毒

餐饮业是食物中毒的高发行业，食物中毒 90% 以上是细菌性食物中毒。食物中毒产生有三个原因：一是原料问题（进入餐饮企业以前），二是企业问题（餐饮企业内部某些环节），三是意外原因（工作人员的人为失误）。

1. 现场防范措施设计

食物中毒事件涉及到餐饮企业安全防范措施设计，在操作层面，与餐饮企业规范化、系统化设计直接相关。规范化是保障食品安全的规则、规定、规范，这是防范措施的硬性部分；系统化是指保障食品安全的训练、流程、责任，这是防范措施的软体部分。因此餐饮企业应加强食物中毒防范设计。

原料采购安全得益于餐饮企业内部申购制度、供应厂商管理、采购制度实施、验货制度实施等制度性约束设计与规范化强制管理。

生产制作安全得益于餐饮企业厨务体系验货安全、加工安全、切配安全、烹制安全、出品安全、员工个人卫生等制度约束与规范。

环境清洁安全得益于餐饮企业服务体系对每日清洁、定期清洁、清洁监督、清洁指导、清洁实操、清洁检查的制度性约束与规范。

制度措施安全得益于餐饮企业管理体系对服务经理、服务副理、服务领班、服务人员责任制度设计约束与行为规范的强制性管理。

【案例分析】中国保险业出台了为餐饮企业食品安全提供担保的业务服务。投保公共责任险，虽然需要餐饮企业支付巨额的款项，但却能分化与转移餐饮企业的责任风险、法律风险、资产风险，既能够弥补非常损失给餐饮企业所带来的沉重打击，又能够对顾客遭受的损失给予必要的经济赔付。

2. 现场应对操作能力

应对食物中毒餐饮企业应设计刚性应对措施，以杜绝食物中毒事件的发生。

食物中毒出现包括五个层次：其一，工作人员本身问题；其二，操作过程出现问题；其三，工艺技法出现问题；其四，工具用具环境问题；其五，原料本身带菌问题。除了第五项以外，其他四项问题是企业可以应对的。

工作人员本身问题是指工作人员缺少健康证明、缺少卫生培训证明，人员带菌上岗、个人卫生问题等造成食品污染，导致中毒事件。

操作过程出现问题是指厨务生产过程工具生熟不分、用具生熟不分、菜品生熟不分、缺少消杀工具等原因导致食物中毒事件发生。

工艺技法出现问题是指在厨务生产过程中对特殊原材料所使用的加工技法不到位（如四季豆的加工），最终导致食物中毒事件发生。

工作环境出现问题是指厨务生产环境受到污染，包括新风系统问题、虫害治理问题、水源污染问题，所导致的食物中毒事件发生。

原料本身有毒问题是指厨务生产用材本身有毒，若加工不当极容易导致食物中毒现象发生，如河豚加工所导致食物中毒事件发生。

一般食物中毒事件，多数是由细菌感染，少数是由含有毒物质食物或食材本身的自然毒素引起的，应当视中毒原因进行适当处理。

3. 现场应变协调能力

食物中毒事件一般在就餐后数小时以内发生，既有顾客在用餐离开一段时间后出现反应的，又有顾客没离开现场之前就出现症状的。餐饮企业应保持高度警觉，对顾客在用餐现场出现食物中毒症状应启动突发事件应对程序。企业应在第一时间了解事实、了解问题、了解原因，以获得准确信息。

针对顾客用餐后反应，经理人与管理人员应注意，食物中毒有爆发性、短时性、群体性特点，一旦出现上述特点，餐饮企业应意识到食物中毒事件发生了。企业须牢记：即使事件能处理好，企业也大伤元气，如果事件处理不好，不但要受到公众、社会、媒体的围攻，而且企业会面临倒闭破产的危险！

针对顾客现场出现的症状，经理人与管理人员应注意，如果是个别人、少数人、小群体，餐饮企业还能应对；如果出现大面积严重问题，餐饮企业是掩盖不住的。在餐饮业曾发生过：假酒中毒事件、有害畜肉事件、有害禽类事件、豆角加工事件……使很多餐饮企业付出了惨重的经济代价与信誉代价！

无论顾客用餐离开后出现不良反应，还是顾客在企业经营现场出现不良症状，餐饮企业都要立刻启动突发事件应对措施。在操作层面应注意：查明事故原因、留下食物清样、启动危机团队、进行危机公关、控制媒体介入、减小事态影响面、认真进行处理、严格执行承诺……将危机转变为机遇！

【思考·动手】

如何设计食物中毒防范措施?------------------------------------

如何提升现场应对操作能力?------------------------------------

如何提升现场应变协调能力?------------------------------------

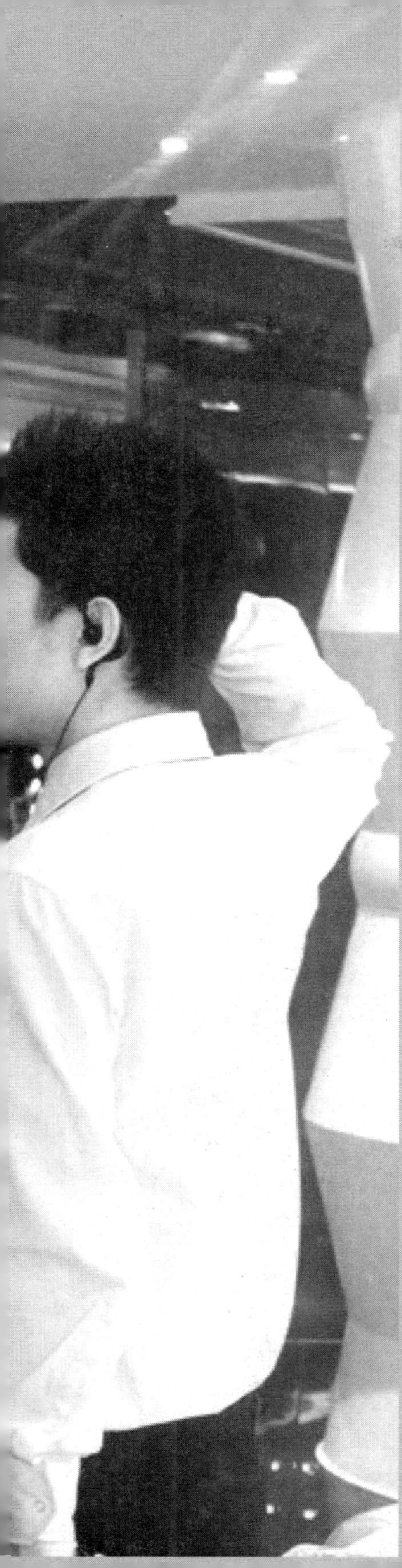

第十一章

训练价值分享
——服务现场管理训练

服务营运现场管理训练是提升管理团队（服务经理、服务副理、服务领班）现场管理能力的关键。营运现场管理低效、管理错位、管理不专、管理走样……诸多管理问题是可以通过训练得到解决、修正、提升的！

服务营运现场管理训练是由连锁总部营运部门（单店由店总）负责实施，属管理训练。管理训练包括初级管理训练、中级管理训练、高级管理训练。管理训练采用训练讲授、案例分析、现场讲授模式等方法实施。

■ 服务现场意识训练

意识是人脑对客观物质世界的反映，是感觉、思维等各种心理过程的总和。意识影响人的行为。现场管理意识训练旨在使管理人员有稳定的心理素质。餐饮企业应加强管理人员自律意识、管理意识、位置意识的训练。

1. 管理人的自律意识

自律是指自我约束、自我管理、自觉行为，自律对职业经理人的人品有很高要求。服务营运现场管理人员自律意识非常关键。你要求下属微笑迎客，而你却板起面孔待人；你要求下属遵守制度，而你却违反规范与规定；你要求下属努力工作，而你却懒散怠工……你凭什么在员工中建立职业威信？

【职业经理人应知】管理不在于你如何向下属发号施令，而在于你如何带

领与影响下属。为提升服务营运现场管理水平，管理人员应强化自律意识。管理人员要以身作则、自我约束，用专业、用投入、用微笑、用热情、用激励带领工作人员完成营运现场管理工作。牢记：做职业的事，讲职业道德。

服务营运现场管理人员职业自律不但是经理人与管理人员管理他人的前提，而且是经理人与管理人员管理自我的基础。职业经理人应清醒地认识到：无论是理论界还是实业界，都在呼吁职业经理阶层产生、职业经理市场产生、职业经理人才产生。之所以有这种呼吁，是因为这个阶层、这个市场、这些人才没有真正产生。当然，问题的要因是企业市场化时间短，缺少职业经理阶层。

关于服务营运现场管理人员自我约束，众所周知，制度是对人行为的约束，制度不能约束人的所有行为，所以制度管理不是万能的，什么东西属于制度不能约束的范围呢？答案很简单，是人的自我约束。就像松下人都秉承的自我约束箴言：“那样做还是人吗？”如果人们能够树立这样的信念，并把信念转化为人的行为，是能够实现自我约束的，这也是有道德的人应有的修炼。

关于服务营运现场管理人员自觉行为，经理人与管理人员对职业、对工作、对任务应有自觉行为，这既体现人的职业素养，又体现人的道德素养。笔者在咨询、策划、训练过程中，经常遇到经理人提问，“请问如何赢得总裁信任？”作为做过经理人与老板的笔者，深知问题的含义，笔者的回答是：“当您把事当事业做，把别人的事当自己的事来做，比老板还努力时就会赢得信任！”

服务营运现场管理包括管理他人和自我管理两部分内容。无论是经理人还是管理人员都要理解与掌握自我管理，因而不但要补充管理训练内容，而且要修炼与运用管理工具。自我管理除了时间尺度设定以外，还要以时间为主线设定经理人与管理人员在服务营运现场的例行性工作与非例行的工作，并以时间为尺度进行作业考核、跟进、评价。牢记：管理他人容易，管理自我很难！

【案例分析：管理人员自律意识】让我们回到现场管理的原点去思考问题，既然现场是一切经济活动的发生地，既然一切策划与设计都是为了现场实施，既然您同意决战在市场决胜在现场……我们再阐述一下现场管理的最低要求，即经理人与管理人员在餐饮企业饭市阶段工作位置唯一、唯二、唯三都是在现场！这对在正规餐饮企业训练过的经理人来讲不难做到，但对有些经理人来讲就做不到。当不在一起办公、不在一个区域、不在一个城市时，能确保开餐时经理人在工作现场吗？如果经理人不在现场，下属如何评价经理人的表现呢？

2. 管理人的管理意识

管理人员应对“管”和“理”有深刻的理解。所谓管是指控制，所谓理是指治理。营运现场管是发现问题，理是解决问题。管理人员应清醒认识到，如果员工能自觉自愿工作并达到标准，就没有设置管理职位的必要，更没有招聘管理人员的必要，因而管理人员要在营运现场运用技术发现问题、解决问题。

管理的依据在于对标准与规范的执行。很多管理人员在管理职位，却经常忘了管理依据，把个人意志带进营运现场管理作业。管理包括有效管理与无效管理，管理要事出有因，行之有据，管理是要建立规范与秩序。

管理的阻碍主要来自人情，管理工作难免会受到人情因素的干扰，讲人情

会影响工作，不讲人情也会影响工作，这使管理人员置身于进退维谷的窘地。管理人员应把握刚性管理与柔性管理之间的度，二者都不能偏废。

工作标准设计旨在支持管理模式建立，因为管理是建立一套秩序使工作变得简单，是什么支持秩序建立？答案是标准！所以有了工作标准设计，才为训练提供了前提，才为品质提供了尺度，才为管理提供了基础，才为评价提供了依据，不但如此，工作标准设计还能提升工作效率，提升工作稳定，提升绩效水平！因而，经理人与管理人员要谙熟工作标准设计之道、之术、之法！

工作训练实施旨在让经理人与管理人员深刻理解训练是营运的一部分，训练提升生产力，训练提升生产效率，训练传承企业标准，训练使工作变简单！正因为训练如此重要，餐饮企业才要建立训练体系，包括建立训练组织体系、教案体系、实施体系、方法体系，以确保训练是组织行为、是持续行为、是循环行为。当然，经理人与管理人员要真正理解与掌握教练技术与训练技术！

有效沟通管理是经理人与管理人员应修炼的专业管理技能，服务营运现场工作任务执行出现问题的原因 90% 是因为沟通不畅。现实生活中，人们往往会认为不就是沟通吗？有那么复杂吗？对，就是沟通，沟通真的复杂！让我们讲述工作任务沟通，“发表清晰的论据，确保对方听得清楚，确认对方已了解工作任务，讲述完成工作任务步骤，讲述完成工作任务时间，讲述完成工作任务工具。”这只是一个沟通模板，至于任务执行跟进、任务评价反馈，伴随着系列沟通。

绩效评价是经理人与管理人员应掌握的管理方法与工具。绩效管理被业界推崇为至宝，是因为绩效管理不但是由绩效计划、绩效实施、绩效评价、绩效反馈四大要素构成的闭循环系统，而且每次循环都是绩效管理在更高层面上的不断完善，从而实现着完善无止境的管理境界。绩效评价既包括管理人员对下属评价，又包括下属对管理人员评价，双方为完成同一组织绩效目标而努力。

【案例分析：管理人员管理意识】任何餐饮企业都要经历被动管理阶段、自觉管理阶段、主动管理阶段、自我发展阶段、自我激励阶段。不同管理阶段实施的管理方法是不同的，无论实施哪种管理方法，经理人与管理人员都应有自觉管理意识。对于管理他人，经理人与管理人员应认识到如果每个员工都很自觉，是不要设管理职位与管理人员的；对于管理自我，经理人与管理人员应认识到，管理既包括管理他人，也包括管理自我，因而要有自我约束与自我管理意识。

3. 管理人的位置意识

服务营运现场管理是按一定内容、一定流程、一定标准、一定框架、一定路线实施的过程管理，因而经理人与管理人员的位置感非常重要。要找准自己的“位置”就应深刻理解：何为你的工作范围？何为你的责任？何为你的权力？何为你的动线？这些都属于经理人与管理人员位置感修炼的意识范畴。

服务营运现场管理位置意识是经理人与管理人员在营运现场综合定位，不是单纯区域与空间定位。经理人与管理人员现场位置感包括：

边界感：经理人与管理人员要明确自身工作边界，既包括现场工作分工，又包括现场工作协作。这是经理人与管理人员确定工作边界的定位与定义。显然，服务经理与服务副理的边界感是整体服务区域，服务领班的边界感是局部服务区域。经理人与管理人员服务现场管理能力评价的重要指标，是对整体服务区域与局部服务区域营业走势的整体控制，是对营业转化前瞻与大局控制。

层次感：经理人与管理人员要明确自己在组织中的管理等级，了解直接上级和直属下属，并按管理框架设计的分工协作行事。经理人与管理人员应懂得职务说明设计不但描述了每个职位的内涵，而且设定了不同职位之间的命令链、工作链、责任链、义务链、权力链、绩效链。这既是组织架构设计管理层次与管理跨度运行的前提，又是组织架构设计工作分工与工作协作的基础。

距离感：经理人与管理人员要明确服务营运现场的距离感，距离过近或过远都会降低现场的管理力。距离感有两层含义：一是与顾客的距离感，欧洲人称为领域感，并设计了 0 ~ 45cm 为亲密距离，45 ~ 125cm 为个人距离，125 ~ 375cm 为公众距离，375cm 以上为社会距离的概念；二是与同事的距离感，距离感过远缺少亲善力，距离感过近又会给下属造成心理压力，导致忙中出错。

时段感：经理人与管理人员要明确服务营运现场时段，设定高峰时段与低谷时段工作任务重点，既是时间管理工具，又是自我管理尺度。经理人与管理人员要牢记：缺少时间约束的任务是不完整任务，缺少时间约束的管理是模糊的管理，缺少时间衡量的管理很难实现自我管理。时段感还有另一层含义，就是服务作业时段、厨务作业时段、行政作业时段之间的同步、递延、叠加。

【案例分析：位置感的意识培训】

如果经理人与管理人员都集中到A点边缘，就容易形成其他区域的空档；如果经理人与管理人员都分散在B点附近，则容易形成A点的空档。距离感需要经理人与管理人员之间的默契配合。

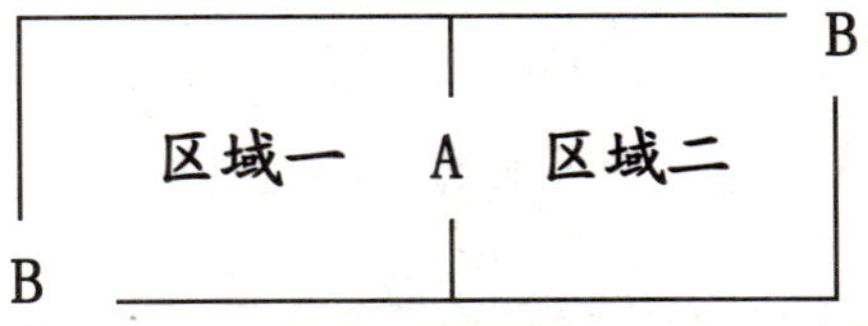

■ 现场管理实务训练

发现问题、解决问题、改进管理是管理人员应具备的管理素养。营运现场管理人对5项任务执行需要修炼管理实务，提升综合能力。

1. 发现问题能力训练

发现问题是指发现营运现场有预估之外倾向，有与计划要求的偏差。有些问题有隐蔽性，因而是对管理人员的能力考验，当然不同层次管理人员对问题认识深度是不同的。服务领班对营运现场认识着眼于操作层面，服务副理对营运现场认识着眼于执行层面，服务经理对营运现场认识着眼于经营层面。

发现问题能力是指管理人员应具有：洞察能力（深入观察事物能力，这与人的素养有关）、全局能力（系统分析把握全局能力，与人的眼界有关）、控制能力（以目标、计划、责任、标准衡量现场工作）。发现问题是通过营运现场管理巡铺实现的，因而理性的巡铺设计（包括管理内容、流程、要求）与实施训练是管理人员在营运现场发现问题的前提，当然，这需要管理人员的经验积累。

发现问题前提是管理人员要具备操作能力。技术操作包括岗位工作数量标准、质量标准、速度标准、操作规范等内容。技术操作是管理人员实施管理的技术前提。技术是硬性指标，管理人员要掌握技术操作，才能发现问题、解决问题。如：服务领班要掌握摆台技术，才能对摆台工作做判断与纠正训练。摆台技术包括：宴会摆台、包房摆台、零点摆台。管理人员应是全能型的技术能手。

【案例分析】宴会摆台是根据宴会性质、宴会等级、宴会标准来确定宴会主题、宴会规格、摆台要求。宴会摆台应注意：主台与辅台规格设计，主台与辅台坐次设计……在“九知道”与“三了解”的基础上，实施宴会摆台设计。当然，宴会摆台比零点摆台复杂、比包房摆台简约，要根据餐饮企业自身特点

设计特定的宴会摆台模式，在此基础上，进行训练、强化、实施。当然，经理人与管理人员不但要能设计宴会摆台模式，而且要能教授、实施、实操宴会摆台。

实际操作技能是指营运现场管理人员应具备动手实操能力，这也是管理人员能服众的资本。这对从一线成长的管理人员来讲不是问题，而对空降兵或学生型管理人员来讲确实有诸多需要弥补与掌握的环节。对管理人员来讲，实际操作能力有全面与专门、掌握与熟练之分。全面与掌握是大局把握的需要，专门与熟练是细节落实的需要。实际操作包括技术操作与技巧运用两部分，前者可以通过内部训练实现，后者需要经验积累。管理人员能动手是因为实施专业管理需要。

发现问题能力是经理人与管理人员在有实际操作能力、实际工作经验的基础上，应修炼的现场管理技术、技能、技巧，能为经理人与管理人员在服务营运现场发现问题夯实基础。当然，从工作人员向管理人员转变要修炼专业管理课程，包括计划能力、沟通能力、辅导能力、实操能力、指挥能力……以计划能力为例，既包括计划设计能力、又包括计划执行能力，还包括计划调整能力。客观地讲，发现问题能力是指发现营运现场计划执行偏差产生的问题并及时修正的能力。

2. 解决问题能力训练

解决问题是针对所发现的问题，按程序、按要求进行的补救活动。解决问题有轻重缓急之分，有些问题要当场解决，有些问题要事后解决。当然，营运现场问题不能够忽视，因为问题日积月累会产生投诉与危机。

解决问题能力是应变能力的体现，要求管理人员具备把握营运现场的知识、经验、技能；要求管理人员有计划、组织、指挥、督导、协调能力；要求管理人员能应时、应对、应变，实现双赢的原则；要求管理人员既要按程序，又要按实际差异化的应变。管理人员应变能力的培育离不开营运现场的管理实践。

【案例分析】在营运高峰期，顾客多多少少都要等上一段时间。对于等候，不同顾客有不同的反应与表现，作为经理人、管理人员、领班，您不但要查看单据催促上菜，而且要与顾客沟通。这需要管理人员能应变行事：有的顾客较随和，讲明原因就能理解；有的顾客会抱怨，要先道歉再做承诺；有的顾客会滋事，需要领班亲自出面。为提升周转速率，必要时经理人要亲自下“战壕”！

解决问题需要经理人与管理人员掌握与运用技巧。

技巧运用是指针对不同场景、不同顾客、不同时间，灵活运用操作技术的诀窍。技巧既在于技术本身，更在于巧妙运用，才能更快、更便利地为顾客服务，以提升服务品质。技巧不是完全通过训练获得的，而要在熟练掌握操作技术的基础上积累与提升，技巧的掌握与个人经验、思考、努力分不开。

技巧在现场管理有重要作用，有些经理人与管理人员忽略了技巧的作用，实际上，经理人与管理人员掌握技术与技巧不但能够洞察问题，而且能够应对服务营运现场复杂情况。服务营运现场经理人与管理人员对员工运用技巧既要肯定，又要通过整理在企业内部训练推广。牢记：重复总结能够产生技巧。

【以点菜服务为例】点菜服务程序是固定的，但点菜服务所面对的顾客是

不同的，因而需要展现点菜师、服务领班的应变技巧。对于性急的顾客，要简捷准确，不要面面俱到；对于主观的顾客，要认真倾听，不要妄加建议；对于挑剔的顾客，要用专业语言与顾客交流，可见点菜技巧支持点菜服务。

解决问题能力训练的目的，在于解决问题与杜绝问题，发现问题能力训练的目的，在于控制问题与解决问题，这就是管理所追求的完善无止境的境界！解决问题，特别是在服务营运现场时间有限、信息不全、顾客冲动……的前提与背景下，对经理人和管理人员来讲是难度很大的工作。为此，既可通过案例分享训练经理人与管理人员能力，又可虚拟特定场景培育经理人与管理人员能力。

3. 改进管理能力训练

工作改进属于营运现场管理以外的工作范畴，对提升营运现场工作效率有重要意义。在发现问题、解决问题的基础上经理人与管理人员应深刻检讨出现问题的原因：是分工协作问题、是人员投入问题、是不知不为问题。为了不犯同样错误，应着手改进薄弱环节，这要求经理人与管理人员有创新能力！

工作内容改进是工作内容设计与提升的前提，工作内容设计是餐饮企业经营内容实现的前提和基础，既涉及餐饮企业性质、餐饮企业等级、餐饮企业规模，又涉及零点服务模式、宴会服务模式、包房服务模式。以零点服务为例：高档酒楼、中档酒楼、低端酒楼虽然都设计了零点服务，但服务内容是有差异的，因而工作内容改进应考虑企业个性、竞争能力、改进代价等要素。

工作流程改进，无论是哪个阶段的流程改进，都涉及到整体流程的改进与提升。因为工作流程既包括同一工作岗位的工作流程，又包括不同工作岗位链接流程，还包括不同工作站动线流程。工作流程改进之所以非常关键，是因为流程承载着服务时间、服务效率、服务链接、服务品质、顾客感受、顾客满意等重要与关键内容。所以工作流程改进，是管理改进中难度最大的问题。

工作标准改进能更准确地衡量工作设计，因为工作标准既包括同一工作岗位标准，又包括不同工作岗位标准，还包括不同工作站的标准。标准设计是为了提升工作效率，提升稳定程度，便于工作复制，便于工作评价，工作标准设计是餐饮企业工作尺度设计，管理标准设计是餐饮企业管理尺度设计。有了尺度设计，才能告别感性与经验，才能实现告别模糊、走向精确的管理。

改进后的训练能确保工作人员与管理人员掌握改进后的要求，这是改进实施的前提和基础。无论工作内容、工作流程、工作标准哪项做了改进，都要在改进后对工作人员与管理人员进行训练。由于改进不是个别人的事，不是少数人的事，而是多数人的事，企业整体的事，所以应高度重视并通过训练强化与固化改进后的要求，确保工作人员与管理人员都能掌握没有实施的障碍。

【案例分析：工作改进难度】工作改进难度在于已成行为、已成习惯、已成定式。当经理人与管理人员在已成定式心态下实施现场管理时，是很难看到现有工作内容、工作流程、工作标准有问题的。而发现问题是解决问题的前提，这就需要对经理人与管理人员有逆向思维与否定思维的训练，在思维训练的基础上经理人与管理人员才能发现服务营运现场的问题，并把问题变成机会。

■ 有效沟通技巧训练

虽然沟通形式、方法、步骤有成型模式，但并不能保证有效沟通的实现。有效沟通既是技术，又是艺术，是针对特定场景、特定环节、特定人员的沟通设计，为此，我们介绍语言沟通、手势用语、领导风格训练。

1. 语言沟通技能训练

语言表达能力是实施营运现场管理的前提，语言表达能力训练的目的是使管理人在营运现场能在 3 分钟以内清楚地表达自己观点，并针对不同环节、不同下属、不同顾客的个性与差异运用语言艺术实现有效沟通。

有效的语言沟通不但体现在语言方面，而且体现在表情和语气方面（如下图所示）。语言虽然是运用礼貌语，但语气充满了不客气、表情充满了不满，同样会令人反感。语言沟通的艺术性体现在语言、语气、表情的和谐一致。

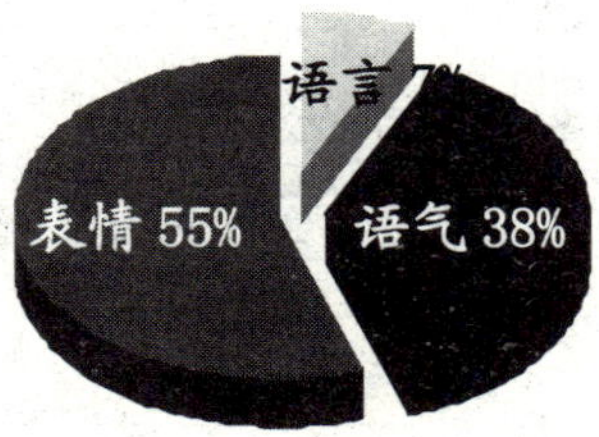

有效沟通

〈**练习**〉员工犯了错误，管理人应如何运用语言艺术？

〈**提示**〉分析错误产生的原因并考虑员工的性格特征：

对于内向的员工，____________________________________

对于外向的员工，____________________________________

对积极上进员工，____________________________________

对屡犯错误员工，____________________________________

【总结】语言沟通是服务营运现场高效沟通方法，经理人与管理人对员工沟通除运用沟通模式与沟通技巧外，还要注意因人而异。

〈练习〉顾客有了疑义，管理人应如何运用语言艺术？

〈提示〉分析疑义产生的原因并考虑顾客的个性特征：

对胆汁质的顾客，____

对多血质的顾客，____

对忧虑质的顾客，____

对粘液质的顾客，____

【总结】语言沟通是服务营运现场管理方法，经理人与管理人对顾客沟通除运用沟通模式与技巧外，还要注重对顾客尊敬、尊重。

〈练习〉同级有了疑义，管理人应如何运用语言艺术？

〈提示〉分析疑义产生的原因并考虑同事的思维特征：

对点式思维同事，____

对线式思维同事，____

对平面思维同事，____

对立体思维同事，____

【总结】语言沟通是同事间适用的沟通方法，管理人之间沟通，除了运用沟通模式与沟通技巧外，还要注重对同事的信任与尊重。

2. 手势用语技能训练

当你用手摆出V字时，别人就知道这是胜利的意思；当你竖起大拇指时，别人就知道这是赞许的意思；当你双手鼓掌的时候，别人就知道这是祝福的意思。手势能够表达一定含义，在体育比赛现场，我们经常看到运动员之间用手势交流完成彼此之间心灵沟通。牢记：手势用语是运用技术来表现艺术！

营运现场管理需要管理人员与管理人员之间、管理人员与工作人员之间使用手势用语进行有效沟通。运用手势用语进行有效沟通适用于特定场合：距离

较远的沟通、不用语言的沟通、特定内容的沟通……餐饮企业服务与厨务体系要制订手势用语沟通标准，管理人要掌握与运用手势用语沟通。

营运现场管理距离较远沟通有以下三种模式：模式一，是大声叫喊；模式二，是让人传递；模式三，是使用手势。显然，模式一既会扰乱现场服务环境，又会惊扰顾客用餐，还会收获顾客的负面评价；模式二由于使用传递人做传递，传递人是否能够完全传递到位值得人们深度思考；模式三双方用特定手势语进行沟通，既心领神会，又简捷实用，还无声无息，可谓一举三得。

不用语言沟通也是有效沟通方式，餐饮企业服务营运现场管理团队与工作团队应设定不用语言的沟通规则、沟通手势、代表内容，在设定沟通模式基础上既要做强化训练，又要在实践中反复修炼，以形成一套特定的不用语言沟通的有效方法。实践证明，服务营运现场需要一套不用语言的沟通！遗憾的是，大多数餐饮企业还没有成型的沟通规则，还没有运用不用语言的沟通。

特定内容沟通同样是有效沟通方式，使用手势语沟通一定要代表特定的内容，手势语沟通是餐饮企业管理团队与工作团队都能够理解和认同的特定内容。只要有心、只要努力、只要去做，是完全可以实现的。如果说创作手势语难度大，总无法与哑语的庞大体系和内容相比吧！关键是在管理实践的基础上，一点一点、一步一步、不断积累、形成模式，以提升沟通效率与沟通效能。

【案例分析：对讲系统的运用】使用手势语沟通虽然有效实用，但超远距离沟通、不在同一楼层沟通还是有使用手势语沟通的局限性。因而，餐饮企业导入了对讲系统沟通。对讲系统导入不但克服了营运现场超远距离沟通的问题与局限，而且克服了不在同一楼层沟通的障碍。当然，导入对讲系统应制定对讲系统的使用规则，培训使用者遵守规则，对不遵守规则的罚则等一系列措施。笔者认为，手势用语 + 对讲系统 = 高效沟通！同一楼层使用手势用语、超远距离使用对讲系统、不同楼层使用对讲系统是较理想的有效沟通技术模式选择。

3. 领导风格专项训练

营运现场管理人员行为体现着不同领导风格，不同领导风格影响着营运现场管理水平。为此，经理人与管理人员应修炼领导风格之道。

（1）不同领导风格特点。

每个经理人都有不同的做事风格，每个经理人都有不同的领导风格。领导风格是经理人与管理人员的工作特质体现，应分析与解构。

风格类型	风 格 特 点
表率型	处处以身作则，工作追求完美，能直接面对管理所遇到的问题
师长型	擅长沟通、擅于把握人的心理，能以示范指导的方式解决问题
沟通型	善于倾听、善于表达、善于把握人的心理，能够进行有效沟通
实操型	属于实干型的领导人，具有高超的技术功力，并擅长实际操作
指挥型	具有将帅风格，擅长控制大局，工作中有魄力、敢于承担责任
说教型	严厉又不失温和，能够根据员工特点对员工进行个性化的指导

（2）不同风格适应场景。

经理人的不同领导风格，适用于不同工作环境。通过对以下 6 种领导风格训练，能够使管理人员针对不同工作环境展示不同领导风格。

风格类型	适 应 场 景		
表率型	·现场标准展示	·难点问题把握	·现场细节打造
师长型	·事件的后处理	·维护现场秩序	·指导犯错下属
沟通型	·原则性的问题	·有效沟通能力	·调动工作士气
实操型	·现场指导示范	·营运高峰补位	·业务操作值班
指挥型	·强制执行内容	·下属较为被动	·突发事件处理
说教型	·保证现场执行	·强调原则问题	·下属错误修正

（3）高效领导风格修炼。

无论哪种领导风格修炼，除了要掌握不同类型领导风格特质以外，还要理解不同类型领导风格适应不同环境、不同场景、不同团队。无论是单一领导风格，

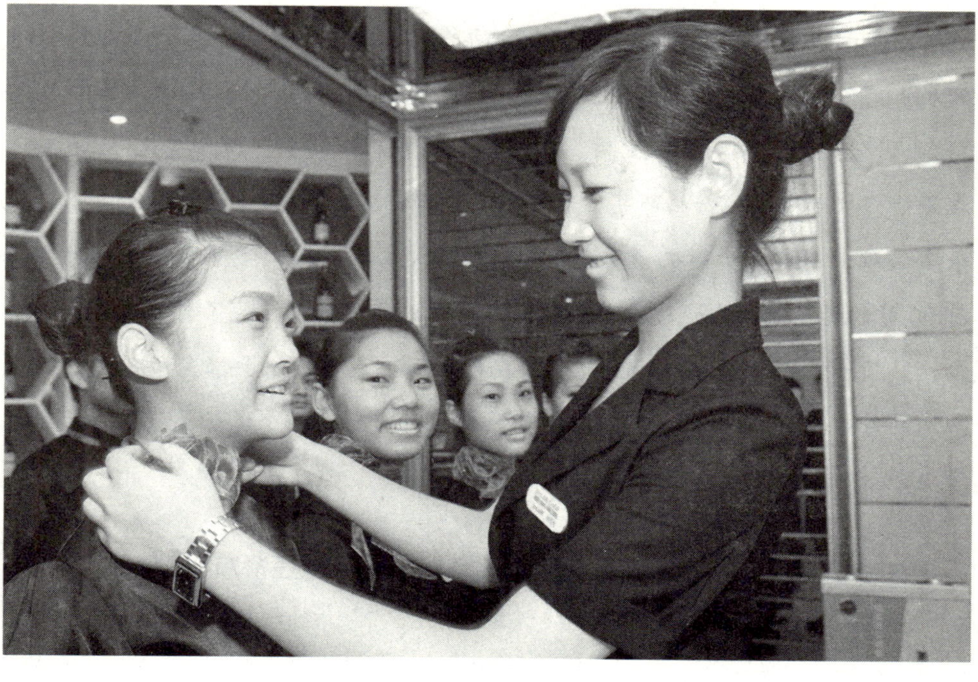

还是复合领导风格，或是变换领导风格，都是经理人与管理人员应研修的内容。当然，领导风格背后是经理人与管理人员职业素养、道德水平、亲善能力、敬业精神的修炼！如果没有职业素养、道德水平、亲善能力、敬业精神内涵修炼，经理人与管理人员即使掌握领导风格特质，也无法形成高绩效的领导力！

■ 现场危机应对训练

意识训练能提升应对灾难与突发事件的能力。营运现场虽不经常发生突发事件，但一经发生，如果没有应对能力就会使餐饮企业遭受重大损失。经理人与管理人员只有具备应对危机能力，才能在危机发生时泰然处之。

【案例分析：意识训练与危机应对】2005 年第 22 期《读者》杂志有一篇题为“大难临头应如何逃生”的文章。文章提到 1977 年 3 月 27 日在西班牙特内里费机场发生的一起两架飞机相撞事件，造成有史以来最为严重的空难，有 583 人死亡，其中荷兰航空公司飞机上的所有人员当场丧命，而泛美航空公司客机上有不少乘客却成功逃生(共有 396 人,死亡 326 人)。一位成功的逃生者说:“他小时候经历过一场剧院火灾，从那以后他每到一处新环境都要先寻找出口。在等待飞机起飞时他仔细研究了飞机的安全措施图表,寻找到最近的紧急出口。”很多遇难者不是死于撞机，而是死于随后的大火。因而，空难事件发生时在只有 90 秒的逃生时间内，他准确地从紧急出口逃离现场，挽救了自己和夫人的生命。一项专业心理调查与研究表明，在心理压力下人们被要求完成不熟悉但很基本的任务时，45% 的人会在 30 秒甚至更长的时间内停止说话和行动，只是坐着发愣。

对经理人与管理人员来讲，危机应对训练包括以下三个方面内容：

1. 心理素质训练要点

面对危机不惊不慌、镇定自如，不但是经理人与管理人员实施服务营运现场管理的素养，而且是经理人与管理人员维护服务营运现场秩序的关键。这种泰然处之的心理素质不是在短时间内能够形成的。心理素质提升是逐渐积累与逐渐养成的。心理素质虽然有一定的先天因素，但后天发展起着决定作用。心理素质训练是改善与提升心理素质水平的有效途径。牢记：稳定压倒一切。

心理素质训练是非常专业的内容，餐饮企业可聘请专业心理教师来实施。很多餐饮企业只注重危机应对技能训练，忽视危机应对心理素质训练，只能起到治标不治本的功效，应对服务营运现场突发事件对现场执掌人与当事人来讲，心理素质比技能技巧更为关键！心理素质训练是指在心理学框架指导下，根据心理素质养成原理塑造个体经历与阅历的过程，包括以下主题内容：

情绪控制训练，旨在训练经理人与管理人员遇到危机时能够控制自己的情绪,因为经理人与管理人员在不良情绪下是非理性的。非理性决策、非理性实施、非理性作业结果是可以想象的。所以应设计相应的案例测试经理人与管理人员的情绪指数，在此基础上按个性与差异实施相应的引导、指导、训练。

心理调整训练，旨在训练经理人与管理人员遇到危机时能调整自己的心理，因为经理人与管理人员在不同心理下所做的决策、实施、作业结果是完全不同的。所以经理人与管理人员在调整情绪基础上应及时调整心理，以平和心态应对所出现的危机。这一点与运动员在大赛之前调整个人心理是相通的。

逻辑思维训练，旨在训练经理人与管理人员遇到危机时能够调整自己的思维，遇到危机若没有前瞻性、大局观、讲重点的思维训练，是很难在有限时间、有限空间内理清头绪的。逻辑思维训练比较理想的方法是，指导经理人与管理人员遇到危机时，回到事件发生原点，按逻辑程序来思考与解决问题。

换位思考训练，旨在训练经理人与管理人员遇到危机时能调整思维方式换位思考。危机会涉及到具体人，当涉及具体顾客、具体人员时，经理人与管理人员应控制情绪、调整心理、逻辑思维，在做出决策前养成换位思考习惯，站在对方角度考虑为什么会这样？应如何解决？只有换位思考才能实现双赢。

决策能力训练，旨在训练经理人与管理人员遇到危机时能够迅速决策解决问题。危机发生，大多数是让人始料不及的，这就要求经理人与管理人员在信息不充分、时间非常紧、人员很复杂的前提下与背景下做出分析、判断、决策。因而，要求经理人与管理人员修炼在不同环境下快速与准确决策的素养。

沟通能力训练，旨在训练经理人与管理人员遇到危机时有强势沟通能力。经理人与管理人员在正常环境下沟通还能按逻辑、按流程、按要求实施；但在有限时间、有限空间、复杂背景、现场混乱的条件下实施沟通，需要经理人与管理人员掌握强势沟通要点，包括：果断性、强制性、独裁性要点的掌握。

【案例分析：危机应对心理训练】以设计一场讲演为例，如果讲演人没有一定的心理素质、没有一定的功力、没有一定的经验积累，尽管准备非常充分，尽管也想做好讲演，尽管也尽了努力……但仍然会收获不理想讲演效果。因而，紧张的人是不适合做讲演的，遇事紧张是需要训练的，紧张情绪是要调整的。现实生活中不乏上场后脑子一片空白者，上场后一直不在状态者，上场后把话说错、说倒、说偏者……这就是要实施心理素质训练的目的之所在。

2. 应对技能训练要点

危机应对技能训练不是在突发事件发生后再培训，而是在突发事件发生前做训练，使受训者掌握危机应对的方法、程序、技巧。应对技能训练虽然不能应对所有危机出现，但却能应对常见危机，通过应对危机技能训练，使经理人与管理人员在服务营运现场出现危机时能按程序使企业度过危机。

案例分析是较好的危机应对训练模式。案例来自常见危机，题材来自方方面面，有餐饮企业发生过的，有其他企业发生的，有其他行业发生的……发达国家与发达地区联号酒店与连锁快餐都有成型的危机应对手册（转危为安手册），手册内容是指导经理人与管理人员遇到危机时，转危为安的方法。

餐饮企业危机案例训练是讲述危机应对训练的重点，本书也用了较大篇幅讲述服务营运现场突发事件处理的内容、流程、要求。突发事件处理的8项内容既为我们夯实了危机处理手册内容，又在每项内容最后部分运用了以下文字："当然解决问题不是目的，杜绝问题发生才是目的。为此，应该将具体应对措施写进危机处理手册，这是突发事件发生防范的好题材、案例、方法。"

关于来自其他餐饮企业危机案例借鉴训练，也是讲述危机应对技能训练的要点，因为危机事件应对与处理的最高境界是以不发生危机事件为佳，危机事件发生后无论怎样应对与处理都是有缺憾的事情！因而研究其他餐饮企业所发生的危机应对案例也是餐饮企业完善危机应对技能训练的重要内容与有效方法。关键是要了解危机产生的原因、背景、过程……在提炼、升华、定义的基础上做案例教学分享。现实生活中，其他餐饮企业危机事件应对题材内容是非常丰富的，这也为餐饮企业店铺层面导入危机技能应对训练提供了丰富的素材与案例。

关于来自其他行业的危机案例借鉴训练，笔者认为这同样是餐饮企业完善危机应对技能训练的有效方法。现实经济生活中，其他行业，如食品行业、零售行业、服务行业……所经历的经典危机处理案例，都是餐饮企业可借鉴的危机应对技能训练的素材。关键是连锁经营餐饮企业由于有专门的营运部门，才能不断收集、不断提炼、不断完善、不断升华危机处理手册的内容。单店经营的餐饮企业，则要靠经理人与管理人员的知识、经验、技能、素养的积累。

【案例分析：危机应对处理训练】服务营运现场发生投诉频率最高的是顾客用餐过程中吃出异物，包括吃出菜虫、苍蝇、蟑螂，头发、草根、塑绳，碎石、玻璃，发生这类事情无论对顾客还是对企业都是一件不愉快的事情。大多数餐饮企业应对顾客投诉，对经理人与管理人员的要求是"给顾客说乐了就行了……"。当然，也制定了赔付下限、中限、上限！下限是换菜，中限是免菜金，上限是免单。一般情况下这类顾客投诉能够得到解决，但当顾客提出精神赔偿时餐饮企业往往无言以对！所以应明确到底精神赔偿的内涵是什么？额度是多少？以便解决顾客提出的问题。当然，从根本上解决还是不发生"吃出异物的事件"。

3. 应变能力训练要点

应变能力训练除了运用案例教学以外，还要采用场景式的教学训练，旨在提升服务营运现场经理人与管理人员的反应能力、思考能力、控制能力、实施能力。在应变能力训练中，要培养经理人与管理人员根据服务营运现场情况，在最短时间内灵活妥善地处理问题、解决矛盾、回避危机的综合素养。

服务营运现场是动态的，要实现以不变应万变的准则，就要提升服务营运现场经理人与管理人员的应变能力。应变能力是面对突发事件转危为安的能力。经理人与管理人员服务营运现场应变能力与餐饮企业组织设计、权力设计、责任设计有关，但最重要的是，经理人与管理人员接受训练与经验积累。

现场反应能力训练旨在训练经理人与管理人员遇到危机与事件时，根据第一反应所做出的判断、定位、定义。反应能力包括：界定危机与事件性质、界定危机与事件界面、界定危机与事件等级，在此基础上，迅速做出判断，迅速做出解决问题的决策，当然在应对层面可启动危机处理模式和程序。

现场思考能力训练旨在训练经理人与管理人员遇到危机与事件时，根据第一反应所做出的思考。思考能力包括：回到原点去思考、按照逻辑去思考、弥补方案的思考、其他方案的思考……思考能力是进行现场决策的前提与基础，因为决策是建立在判断与思考等一系列逻辑过程基础之上的思考。

现场控制能力训练旨在训练经理人与管理人员遇到危机与事件时，在反应与思考的基础上，能够迅速控制现场的能力。控制能力包括：对当事人的控制、对出事现场控制、对服务环境控制、对用餐顾客控制、对工作人员控制、对管理人员控制……在控制营运局面的基础上，再解决问题才比较理想。

现场实施能力训练旨在训练经理人与管理人员遇到危机与事件时，在反应、思考、控制的基础上，迅速决策、迅速解决、迅速实施的能力。实施能力包括：上行沟通、平行沟通、下行沟通、对内沟通、对外沟通……在有效沟通的基础上，按危机事件性质与等级迅速启动危机应对模式、程序、方法。

【案例分析：危机事件应变训练】所谓危机是指在预估与计划范围之外，

影响正常营运秩序的事件。某餐饮企业位于城市行政区的交接处，即道路这侧是A行政区，道路那侧是B行政区。某日中午餐饮企业午市正常营运，服务经理首先发现来了很多面孔较生的顾客，不但如此，而且人越来越多。当问明原因后，才知道相邻行政区停电，很多人选择了出外在附近餐饮企业就餐。据服务经理回忆，那天忙得一塌糊涂，连晚市备餐甚至连员工餐的原材料都卖出去了……从此这家餐饮企业把应对相邻区停电，写进了危机应对与处理训练教案！

后　记

决战在市场，决胜在现场！这是现场管理的至理名言。现场是一切经济活动的发生地，所有策划与规划都要在现场来实施，现场管理水平不但影响企业运营，而且决定企业命运。《现场管理5项任务》为餐饮企业管理团队实施现场管理提供了实务、方法、工具，既能使餐饮企业店铺营运现场管理实现从优秀到卓越的转变，又能使餐饮企业在店铺营运现场管理竞争中赢得优势！

虽然我有过出版著作的经历，但要创作行业与企业需要，既有指导性又有实操性的专著，对我来讲仍是个挑战！为迎接这个挑战，从1999年至2008年我又积蓄了10年的能量。这其中既有行业咨询对大局观的把握，又有企业策划微观实战磨砺，还有深度实务的培训积累。《现场管理5项任务》一书是我多年历炼的结果。之所以能写出这部专著，除了信念以外，还有以下要因：

时代光华搭建平台：感谢时代光华以敏锐的目光发现了我多年积累与探索的价值，并为我搭建了最好平台，不但让我以《营运现场管理》为主题通过公开课的形式讲述，而且运用影像手段向更大领域传播。时代光华的于劲松先生、毕行之老师、高杰女士、王娟小姐、冯寻先生、赵易小姐等为我写作此书提供过极大的帮助和支持，对此我铭记于心，并在此表示衷心的感谢！

多年积累终有收获：现场管理是管理科学的重要内容，既有实战性，又有实效性。20世纪80年代，当我还在中国社科院读研究生时就已涉猎现场管理的内容，做总裁后深感服务企业更需要现场管理，做策划人后在策划过程中多次涉及现场管理，做职业培训后发现现场管理很受欢迎，这一切都转化为让我创作系列专著的渴望与动力，这也是定位于实战派的我应该有的作为！

现场管理专著定位：1999年至今，我一直秉承着“不是精品不出版”的理念，为此《现场管理 5 项任务》一书成型后仍有三次修正与再造。2009 年对《现场管理 5 项任务》一书又进行了结构性的修改，才有了您手中的这部著作。为保证《现场管理 5 项任务》一书的可读性，我选择了理论与实践相结合的实务角度切入，旨在让读者既有阅读成就感，又能有所学、所获、所用。

现场管理专著感悟：无论是作为 CEO，还是策划人，或是培训师，我深知中国企业在管理理念、管理实务、管理体系上与国外优秀企业相比仍有很大差距。虽然中国企业也导入学习型组织概念，但不能回避因基础体系、基础管理、基础训练的薄弱，导致了企业学习转化率低的现实。我再次提醒您，完善服务体系、培训体系、管理体系，是导入《现场管理 5 项任务》落地实施的关键！

在工业领域，生产现场管理概念导入与运用极大提升了工业企业的生产效率和竞争能力。著名的生产管理改善大师今井正明认为："改善企业生产运营绩效的关键在于生产现场管理"。实践证明，导入流水作业现场管理的福特公司赢得了批量生产的时代先机；导入精细生产方式现场管理的丰田公司赢得了批量生产精细化的后劲！精细生产是工业领域最佳生产体系与最佳生产方式。

在服务领域，香港餐饮同仁提出的 5 常法、上海餐饮同仁提出的 6T 模式丰富了餐饮业现场管理的内容。我认为，餐饮企业需要基于整体营运的现场管理。在总结日本精细管理模式、美国流水线模式、德国模特式排时法的基础上，根据正餐业、火锅业、快餐业的特点，我凭借多年现场管理经验阐述了现场管理 5 项任务模式，旨在使餐饮企业现场管理能够建立秩序、提升绩效。

夏连悦

2011 年 6 月

参考文献

⑴〔法〕H·法约尔著．周安华、林宗锦、展学仲、张玉琪译．孔令济校．《工业管理与一般管理》．中国社会科学出版社．1982 年版(国外经济管理名著丛书)

⑵〔美〕F·W·泰罗著．胡隆昶、冼子恩、曹丽顺译．《科学管理原理》．中国社会科学出版社．1984 年版（国外经济管理名著丛书）

⑶〔美〕丹尼尔·A·雷恩著．孙耀君、李柱流、王永逊译．《管理思想的演变》中国社会科学出版社．1986 年版（国外经济管理名著丛书）

⑷〔日〕广濑一夫著．朱季逊译．《企业管理百问百答丛书——现场的管理与改进》．冶金工业出版社．1984 年版

⑸〔日〕若山富士雄、杉本忠明著．毕世鸿译．《丰田一兆日元利润的经营哲学》．云南人民出版社．2004 年版

⑹ 杨涓子编著．《丰田商学院——精细化管理的 68 个细节》．企业管理出版社．2005 年版

⑺〔日〕门田安弘著．李伟、李晴译．《丰田现场管理方式——丰田巨额利润的秘密》．东方出版社．2006 年版

⑻〔美〕杰费瑞·莱克（Jeffrey K.Liker）戴维·梅尔（David Meier）著．李芳龄译．《丰田汽车——精益模式的实践》．中国财政经济出版社．2006 年版

⑼〔美〕丹尼尔·贝尔著．高铦、王宏周、魏章玲译．高铦校．《后工业社会的来临——对社会预测的一项探索》．商务印书馆．1984 年版

⑽〔美〕维克托·R·富克斯著．许微云、万慧芬、孙光德译．杜作辉校．《服务经济学》．商务印书馆．1987 年版

⑾ 白仲尧著．《服务经济论》．东方出版社．1991 年版

⑿ 凯瑟琳·德夫拉伊著. 王泽寰、赵立家、秦红雨译. 秦仁校.《服务制胜——企业成功的七个秘诀》. 中央编译出版社. 2000 年版

⒀ 英国市场营销协会著. 冯惠云译. 魏立原校.《优质服务的行动计划》. 宇航出版社｛科文（香港）出版公司｝. 2001 年版

⒁〔美〕B·约瑟夫·派恩 詹姆斯·H·吉尔摩著. 夏业良 鲁炜等译.《体验经济》. 机械工业出版社. 2002 年版

⒂〔芬〕克里斯廷·格罗鲁斯著. 韩经纶等译.《服务管理与营销——基于顾客关系的管理策略》. 电子工业出版社. 2002 年版

⒃ 李善同、华而诚主编. 李善同课题负责人.《21 世纪初的中国服务业》. 经济科学出版社. 2002 年版